JN116916

実践 教会役員

マネジメントとリーダーシップ

坂本雄三郎
Sakamoto Yuzaburo

LITHON

はじめに

多くの方々の励ましやご指導の結果、ようやく本書の刊行に到りました。初稿に着手してから８年有余、様々な事情から出版が遅くなったことをお詫びします。この間温かく見守り、祈りに覚えて下さった多くの方々に篤く御礼申し上げます。

筆者は25歳のとき、日本基督教団国分寺教会（東京）の「青年会長は自動的に役員」というルールにしたがって教会役員を拝命しました。それ以来、国分寺教会、高崎教会（群馬)、南房教会（館山)、用賀教会（東京）なども合わせて約40年間、教会役員を務めさせて頂きました。役員としては無免許運転の状態から抜け出せずに、多くの失敗もありました。それらの実体験を中心に教会役員の働き方について信徒の目線で記したものが本書です。

いま教会では、教勢の立て直しに加えて、直近の新型コロナ対策などのために大転換を迫られています。YouTubeによる配信で礼拝が家庭に入るなど、社会との接点が飛躍的に拡大する可能性がありますが、人と人との直接のコンタクトが困難となり、教会にとってはチャンスとリスクが共存しているといえるでしょうか。そのような中で、ニューノーマルに向かっての教会活動を再編する使命が役員に託されています。本書が教会の革新を推進する際の参考となることを願っています。

以下３部構成の本書のアウトラインを示します。

第１部　開拓期の南房教会にみる役員の働き

千葉県館山市にある南房教会は、引退婦人教職や牧師夫人のホーム「にじのいえ」での集会から始まり、2017年に伝道所開設20周年を祝いました。その間何度も「清水の舞台から飛び降りる」経験をしています。「伝道所の開設」、「会堂建築」、「牧師招聘」、「教会の設立」、また「地域での伝道活動」など、特に開拓初期には教会活動のさまざまな局面が凝縮しています。

第２部　教会運営の基盤—マネジメントとリーダーシップ

筆者自身の教会役員としての体験から、どの教会にも適用可能な共通課題をとりあげました。

「意思決定の手法（特にデルファイ法）」、「危機管理」、「人間関係」、「新しく役員になられた方々への経験的なアドバイス」、「役員のためのリーダー金言集」などです。特に、リーダーの重要性には着目しています。またデルファイ法を教会運営に適用したのは初めてかもしれませんが、「合意形成」や「課題の探索」など教会にとっては極めて有用な手法であることを見出しました。

第３部　これからの日本伝道

筆者の見る「これからの日本伝道」です。教会の仕える日本社会の課題を整理し、教会の歴史と現状を概観します。歴史の一つの節目・戦争責任告白から、「教会と社会」がどのように関わるかを「政教分離」や「見張りの使命」なども含めて考察しました。

これからの「伝道に燃える教会」には、信徒の「喜びに溢れる日々の歩み」が必須です。教会全体としての「信仰生活の充実度」評価の試みや、その向上の試みも紹介しました。さらに、若者に日本人としての誇りを持っていただくための「ファースト・ペンギン史観」も提示しました。

主から私達への激励の言葉です。

「なんじら世にありては患難(なやみ)あり、されど雄々しかれ。我すでに世に勝てり。」(ヨハ 16：33、文語訳)

目　次

第1部　開拓期の南房教会にみる役員の働き

第３部　これからの日本伝道

第1部

開拓期の南房教会にみる役員の働き

1. 南房伝道所の開設

これは一役員の目に映った南房伝道所開設[1]への動きです。地元のクリスチャン達が、伝道所の開設に向って心を合わせました。

(1) にじのいえ集会から伝道所へ

引退婦人教職や牧師夫人のホーム「にじのいえ」での礼拝が市民に開放され「にじのいえ集会」[2]が誕生し、そこに集う地元クリスチャンの間に、伝道所開設の願いが育ちました。その経緯を表1–1に示しました。

表1–1 「にじのいえ集会」から伝道所へ

1974年	「にじのいえ」開設
1980年	「にじのいえ土曜子ども聖書会」発足
1984年	礼拝堂が完成、入居者・職員中心の礼拝が始まる
1994年	地元民を加えた礼拝に「運営委員会（役員会相当）」設置
1995年	土曜子ども聖書会の生徒が受洗（宿河原教会に依頼）
	3回目のアンケートで伝道所開設賛成が多数に
1996年	高倉謙次・田鶴子両牧師による伝道所開設決定

「にじのいえ」は教団・全国教会婦人会連合（以下婦人会連合と略称）により、引退婦人教職や牧師夫人の老後のホームとして1974年千葉県館山市に開設され、十数名の入居者を迎え入れました。そこでの礼拝が地元の人達にも開放され、「にじのいえ集会」となりました。

この「にじのいえ集会」では、引退教師を中心に整った礼拝が守られ、礼拝後の懇談も、地元の人達の手作りケーキが供されるなど、和気あいあいとしていました（図1–1）。

そんな中で集まった地元クリスチャン達に、伝道所開設への志が芽生えました。教会ではない集会の次のような限界に気付いたからです。

・引退教師はいても、私の牧師はいない。

図 1-1 「にじのいえ」に集まった人たちと礼拝堂（後方）

・教会籍、信仰告白、洗礼式もない。

・献金（月定)、奉仕、伝道の責任等もない。

「にじのいえ」と地元の児童養護施設がタイアップして始まった「土曜子ども聖書会（教会学校に相当)」のある生徒が受洗を申し出ましたが、教会籍や信仰告白などのない集会での洗礼は不可能でした。生徒の就職予定先に近い教会の牧師に来ていただき、その教会の承認を得ての洗礼式となりました。これが伝道所開設に向かう流れを加速しました。まさに「負うた子に教えられ」です。

集会に集った地元のクリスチャンは、伝道所開設を目指すことになりました。

(2) 伝道所開設の方向

「にじのいえ集会」をそのまま伝道所にするには問題があり、論議を重ねた結果、「にじのいえ」から独立することとなりました。

「にじのいえ」は開設当初から「館山宣教の起爆剤に」との婦人会連

合の会員達の祈りがありました。しかし直接教会の形成を目指したわけではなく、その矛盾がアンケートにより表面化しました。

「にじのいえ集会」をそのまま伝道所にすれば、礼拝堂、集う信徒、交代で説教をしてくださる引退教師などが揃い、万事が好都合と思われました。1994 年、集会運営委員会による懇談会が持たれたときには、20 名近い出席者から、伝道所開設への熱い思いがこもごも語られ、動かし難い流れのように見えました。

しかし実施した「デルファイ法」[3] によるアンケートでは、反対者が多数を占め、通常は意見の収斂する 2 度目のアンケートでも賛否が拮抗しました。引退教職の方々からは、「伝道所開設の趣旨には賛成だが、体力的にも牧会の責任は負えない」、「ホームが教会に占有されて、にじのいえ設立の趣旨から外れることにならないか」などがありました。まさに無理からぬことでした。その心配を解消するためには「にじのいえ」からの独立しかありません。3 回目のアンケートでは独立を前提とし、そこでようやく賛成が多数となりました（図 1–2）。

なおデルファイ法とは、別名「収斂アンケート法」の名が示すように、同じ質問のアンケートを 2 回、ときに 3 回繰り返すことにより、意見の収斂を目指します。アンケートでは前回アンケートの集計結果をみ

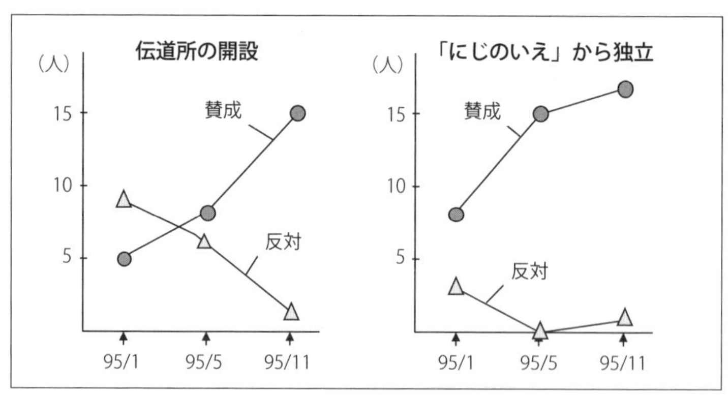

図 1–2 アンケートの結果

て自分の意見を見直します。収斂した結果に対しては、ほぼ全員が自分の意見で決めたと納得し、実行への意欲も高まります（詳細は後述）。

婦人会連合「にじのいえ」運営委員とも話し合い、伝道所は完全に独立することになりました。館山市内で借家を捜し、新たに牧師を迎える方針です。快適であった「にじのいえ集会」から飛び出して、まさに「雪の中に裸で飛び出す」状況となりました。独立当初は「にじのいえ」在住の引退教師の方々の応援も頂きながら、当初10名の信徒も交代で講壇を守り、月1回程度の応援牧師（代務者）での運営も、内心覚悟をしていました。

(3) 高倉謙次・田鶴子牧師とのめぐり合い

ちょうどその頃、婦人会連合の紹介で、千葉教会在任中の高倉謙次・田鶴子牧師（以下、高倉両牧師と略称）とめぐり合い、両牧師をお迎えして、館山市内に新たに南房伝道所を開設することになりました。

当時、高倉両牧師は奉職20年の千葉教会を辞して、開拓伝道に入る決意をし、すでに長浦を予定していました。しかし千葉教会に近すぎるとの懸念もあり、最終的には館山に来ていただけることになりました。

このめぐり合いはまさに絶妙のタイミングで、運営委員は天に昇る心地でした。

(4) 伝道所の開設

1997年4月に着任した高倉両牧師と信徒10名は家探しなどの準備を進め、6月15日に開所礼拝を捧げることができました。11月には、教団から伝道所開設の正式の認可を得、翌年2月には伝道所の開設式および牧師の就任式が行われました。開設に当たっては、千葉教会、高崎教会、国分寺教会をはじめとする多くの教会や、「にじのいえ」や婦人会連合の関係者、個人的な友人など、多方面からの支援を得ました。

なお「にじのいえ」は、その後2010年に館山での使命を終え、教団引退教職ホーム「信愛荘」と統合して「にじのいえ信愛荘」となり、東京都の青梅に移転しました。しかし館山には南房教会が残り、「にじのいえ」を開設して地域宣教の起爆剤にもと願った婦人達の志は受け継がれました。婦人会連合の方々の祈りとご尽力に、心からの敬意と感謝を表します。なお長浦にはその後伝道所が開設され教団・長浦教会へと成長し、南房教会の兄弟教会となっています。これまた感謝です。

(5) 主の山の備え

南房伝道所の開設に当たっては、主の山の備えがありました。

第一の恵みは、まず開拓伝道を志しておられた高倉両牧師とのめぐり合いでした。

第二は、「にじのいえ集会」には地元のクリスチャンや「土曜子ども聖書会（幼小〜中高、出席平均約25名）」の生徒など、「信徒や求道者の群れ」が集まっていました。「教会は、あなたがた――信徒の群れ」であるとすれば、

「教会はキリストの体であり」（エフェ1：23）
「あなたがたはキリストの体であり」（一コリ12：27）

すでに教会の原型がそこにあったと言えます。開設した伝道所の教会員10名は、全員がこの集会の出席者でした。

第三に、集会の独立を決める微妙な時期に、婦人会連合「にじのいえ」運営委員、「にじのいえ管理人」、集会運営委員などに、旧知の国分寺教会員（現・元）が偶然5人も館山に揃い、当初から本音で話し合うことができました。単なる偶然とは思えず、「信徒もまた教会に遣わされる」との思いが心に浮かびました。

第四は、これまた偶然、礼拝の場としてふさわしい一軒家を市内に借りることができたことです。かつての回船問屋の、大きくて(建坪 50 坪)、古くて（家賃が安い)、讃美歌を歌っても苦情の来ない広い敷地の家には、礼拝ができる大きさの和室も備えられていました（図 1–3)。苦労もありましたが、主の山の備えはここでも確かでした。

図 1–3 家の教会と高倉両牧師

(6)「にじのいえ集会」運営委員のマネジメント

デルファイ法が威力を発揮しました。(図 1–2）のアンケート結果に見るように、3 回目で伝道所開設への意見が収斂しました。デルファイ法の活用がなければ、これだけスムーズに合意ができたかは疑問です。懇談会での声の大きい方を選んでいれば、衝突や混乱が避けられなかったかも知れません。

ただ当初の 2 回のアンケートで結果が収斂しなかったのは、「にじのいえ」居住者の考えと、地元の信徒の思いなど、立場の異なるグループが混在したことによるもので、そのようなケースでは、この手法だけでは意見が収斂しないこともわかりました。そこで伝道所が「にじのいえ」から完全に独立するように条件を変更して合意に到りましたが、そのような気付きが与えられたのもデルファイ法のお蔭です。このようにして当時 12〜13 名の会員の一致した決意が固まりました。

2. 会堂・牧師館の建築へ

2.1. なぜそんなに急いだのか？

(1) 伝道所開設後の 10 年

伝道所開設年 3 年目に会堂の建築準備を開始、5 年目で会堂建築を終えることができました。なぜそんなに急いだのか、その理由は伝道所のビジョンにあります。

伝道所開設の目的（ミッション）は、当然のことながら「南房地域 15 万人への宣教」でした。しかし戦前に存在した「館山伝道所」は名前だけ残して離散・消失し、教団千葉支区内には「館山は宣教不毛の地」との懸念が残りました。そこで教会存続こそが当初の最優先課題となり、伝道所当初の目標（ビジョン）は、「教会存続条件の確立」となりました。それは「2 代目以降の牧師に来ていただけること」であり、そのためには「会堂・牧師館の取得が必須」とビジョンが具体化されました。では、いつからはじめるのか？

高倉両牧師の年齢なども考えて、「いまでしょ！」が教会員共通の認識となりました。2 回のアンケートの結果を（図 1–4）に、またアン

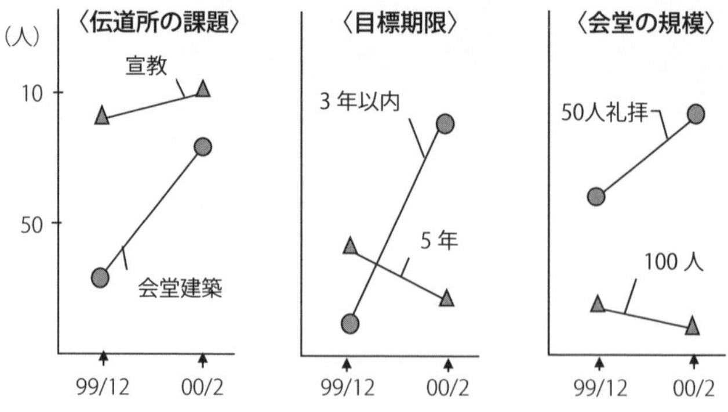

図 1–4　会堂建設のアンケート結果

ケートの設問や回答は本章末尾に示しました。

(2) 役員会の動き

役員会（役員5名は総会選出）は牧師とビジョンを共有しました。また役員会のビジョンも、アンケートにより全教会員（会員数13名）のビジョンとなりました。

アンケートは会員全員の意見をすくい上げる、いわばボトムアップの手法ですが、アンケート結果には結果的に役員会の考えも反映されました。また、極めて迅速に決断が進みましたが、その背後にはドッグイヤーの感覚を身に着け、スピードを優先する考えの役員もいました。犬の1年は人間の7年に相当すると言われます。ドッグイヤーとは世の中の動きが7倍速い世界です。

(3) 外部からの支え

1997年6月に開所礼拝、11月には教団から伝道所と認められ、翌1998年2月に伝道所開設式が行われました。その後の経緯を表1–2に示します。

表1–2　「南房伝道所」の開設から「南房教会」へ

1997年	4月から館山市沼に、「古く大きな民家」を借り受け
	6月15日、初回礼拝
	11月28日、信徒10名による「南房伝道所」開設認可
	12月、教会誌『うみほたる』創刊号発行
1998年	5月、一日教会修養会「教団信仰告白（前半）を学ぶ」
	12月、文化ホールにて市民クリスマス（独唱：郡司律子）
1999年	最初の受洗者（柳谷千草姉）が病床受洗
	12月、会堂準備等に関する第1回アンケート
2000年	7月、会堂準備等に関する第2回アンケート
	臨時総会にて「土地・会堂・牧師館取得に関する決議」
2000年	12月、臨時総会「上真倉（かみさなぐら）土地購入決議」
2001年	3月、上真倉の古屋にて礼拝・祈祷会
	教会敷地購入（576坪、4,500万円）の最終契約
	12月、新会堂完成、クリスマス礼拝は新会堂で

2003 年	12 月、新牧師館完成
2006 年	3 月末、高倉謙次・田鶴子両牧師辞任、渡辺正男牧師着任
2007 年	5 月 21 日、第 2 種教会「南房教会」設立認可

この間、多くの教会や個人の方々から、様々な支援を頂きました。聖書・讃美歌・オルガン・椅子・座布団・献金かごからエアコンに到るまで、「説教台以外はすべて（牧師談）」の必要が満たされました。初代牧師の前任地である千葉教会の有志 135 名の方々が、1 口 100 円の献金を 3 年間献げてくださいました。その他高倉田鶴子牧師の関係した婦人会連合や役員が以前在籍した国分寺教会・高崎教会などからも、親身のご支援を頂きました。お陰様で、順調なスタートを切ることができました。

2.2. 土地購入と会堂の建築

(1) 建築の決議はどのように？

伝道所の開設が教団に認められたのが 1997 年 11 月です。その 2 年後に会堂建築の第 1 回アンケートを実施、翌年には第 2 回目のアンケート結果を経て会堂・牧師館建築の臨時総会決議が行われ、募金が開始されました。

アンケートには具体的な目標も記され、一番多い回答は、時期は 3 年以内、礼拝堂は 50 人収容程度、駐車場は 15 台と 30 台が拮抗、敷地は 200〜300 坪、資金は 5,000〜8,000 万円でした。そこで具体的な目標も見えてきました。

アンケートの合間には懇談会がおこなわれ、意識の共有化が図られました。またクリスマスの祝会では出席者に画用紙が配られ、子供から大人までが新会堂の夢を描きました。十字架の塔や、教会の鐘、ステンドグラス、花壇や、大勢の子どもが集う教会の絵もありました。しかし一番実現の可能性が高かった絵には、質素な会堂の側に「小さな会堂」と書かれていました。

当初の会員10人は全員が「にじのいえ集会」出席者で、それぞれの教会から南房伝道所に転会しました。会堂建築への展開が余りに速く進んだので、ついて行くのは大変と言う方がいたことも理解されます。開設間もない伝道所で、会堂建築など一見無謀と思える計画でしたが、役員の間では言葉にはしない暗黙の算段があったことも事実です。募金は内部14名の会員だけでは不可能で、外部の応援が期待されます。役員の出身教会である教団・高崎教会や国分寺教会などの他に、何よりも高倉両牧師を支える千葉教会や婦人会連合への期待がありました。高倉両牧師の代に進めなければ、二度とチャンスが巡り来ないという思いに突き動かされました。

建築決議の背後には、「南房地区15万人への宣教の熱き思い」、「最大限の自助努力」などがあり、「アンケートなどによる会員の合意」や、「主に在る楽観」、さらに「暗黙の算段」などもありました。

(2) 募金はどのように？

南房伝道所では土地取得、会堂・牧師館建築の最終献金額は1億円強となりました。その内訳は、(表1–3) に示した通りです。

表1–3　会堂・牧師館建築会計の概要

収入（単位千円）		支出	
伝道所手持ち資金	4,600	土地取得	45,530
匿名献金	10,000	道路・駐車場整備	6,270
教団開拓伝道援助金	1,500	礼拝堂建築	32,670
伝道所関連内部献金	55,030	牧師館建築	22,920
支援教会等外部献金	36,770	諸経費	910
バザー収益金	400		
合計	108,300	合計	108,300

＊教会債・千葉支区宣教基金・信濃町教会などの借入金は収入・支出から除外（約束献金納入までの回転資金などに活用）

＊計画開始時（2000年）の現住陪餐会員数は14名、完了時（2003年）は15名

内部の募金に当たっては「横を見ないで上をみよう」が合言葉となりました。「上」すなわち神様と自分の関係だけで献金額を決定することとしました。牧師と会計以外には、個人の献金額がわからないようにし、割り当ても一切行いませんでした。会員の経済力の格差が大きく、割り当てなどは不可能な現実がそこにありました。

千葉支区宣教基金や信濃町教会からの借入金や教会債は、回転資金として貴重でした。外部からは千葉教会、国分寺教会、高崎教会や婦人会連合（「にじのいえ」関連)、さらに個人の方々なども含め、多数の方々のご支援を頂きました。

概算で、内部献金が約50％、外部が50％でした。ある意味、「暗黙の算段」が成功したとも考えられます。その意味では、資金的にはこの時期しかなかったかも知れません。

しかし、14人の会員も頑張りました。いま思い返して、会員に資産家がいた訳でもなく、どうしてこれだけの献金が集まったのか、不思議な気もします。親・子・兄弟などからも献金が寄せられ、また退職金から思い切った献金をした方も３家族はいました。「ここぞ！」の思いが会員を動かしました。

なおキャッチフレーズの「横を見ないで上をみよう」の出典は、国分寺教会の創立者でもある、故深田種嗣牧師の短歌（召天の年の書初め、辞世）です[4)]。

横を見ず　上を仰ぎてひたすらに　なすべきをなし　果てんと思う

まずは「主が必要とされるものは主が備えてくださる」との確信を持つことです。役員は「これ以外に道はない」と思い定めていましたが、それでも内心に葛藤が無かったわけではありません。そんなとき、婦人会連合や千葉教会、国分寺教会、高崎教会など、主にある兄弟姉妹の祈りには支えられました。

土地・会堂・牧師館と、合計で１億円を超える建築会計は、最後に牧師館が完成した時期に、教会債に見合う約束献金があたえられ、全てが充たされました。

(3) 会堂建築基本方針

「キリスト教は志の宗教」なる言葉に触発され、会堂建築基本方針[5)]には「後世に残す信仰告白としての会堂建築」の文言が入れられました。

当時の教会員の経済力には差もあり、募金の割当ては現実的にできない状況でした。それぞれが自分なりに、主の前に最善を尽くし、金額の多寡にかかわりなく、全員が達成感を味わうことが目標となりました。できる限り「ユーモアを忘れず、楽しく。」と願いましたが、激論に巻き込まれることもしばしばでした。最後に牧師館の建築が完成した頃、予約も含めて献金目標を達成したことは、驚きとともに、ただただ感謝！です。

会堂建築基本方針（要約）

①予算の枠内に収まるように「夢をもちつつ、堅実に」対応

②各人がそれぞれの賜物をもって、祈りつつ主の前に最善を尽くす。
(献金の進め方は、「横をみないで、上をみよう」)

③信徒数 14 名の伝道所のみでは困難な事業であり、他教会およびその信徒の方々のご協力を得るように努める。

④できるだけ多くの方々が当プロジェクトに参画し、歓びを分かち合えるように努力する。

⑤私達は共同の祈りをもってこの事業に当たる。新会堂等は、「後の世代に託する当世代のメッセージ」である。

⑥「信仰告白としての会堂建設」がなされるように祈り、主にお委ねしつつ最善の人事を尽くす。

(4) 土地探しはどのように？

土地探しは実地検分など、足で情報を探す方針で進められました。そのあたりの事情は、南房教会季刊紙『うみほたる』の記事「恵みは雨のように」シリーズに連載されました。

ここではその後の建築の流れも含めて、その記事を追います。ちなみに「うみほたる」とは館山湾に生息する体長３ミリぐらいのボウフラ状の節足動物で、刺激を与えると発光液を海中に放出します。夜、桟橋で採取したことがありますが、その鮮やかなブルーの輝きは息をのむ美しさです。

「恵みは雨のように」からの抜粋

最近「新会堂」の幻も与えられたので、その概要を記す。まず開設間もない南房伝道所が存続し、発展する条件は二代目の牧師をお迎えできることにある。そのために会堂・牧師館の完成が必須と考えている。したがって「初代牧師のお元気なうちに！」が全員の合言葉となっている。

目下２回目のデルファイ・アンケート中である。大まかに言って、館山・鴨川・千倉・白浜・三芳・船形・富浦などの広域伝道圏を考え、30台前後の駐車場と当面50人位（詰め込んで80人）の会堂および牧師館を目標に、200〜300坪程度の敷地が理想と考えている。土地の物件は、いままでに４か所が検討された。両牧師はすぐに「これぞ備えられし約束の地」と喜ばれるが、老獪(ろうかい)な役員連は中々首をタテには振らない。

先日、市街地からやや離れた山の中腹に、約400坪、3,500万円の土地が紹介された。例によって両牧師はいたく喜ばれた。しかし役員は言ったものである。「先生、あそこはタヌキやキツネが出ます(これ本当)」、そして極めつけは「でも先生、電気は来ています」〜ジョークはともかく、全役員で見に行った結果、交通の便等も考えて見合わせとなった。そこで目下の私達の楽しみは、神様がどんな素敵な計画を準備して下さっているかを見定めることである。

「天命を待って人事を尽くす」(「人事を尽くして天命を待つ」の逆、人の業でなく、主の業への信頼）が、いまの私達の心境だが、なにか力強い祈りに押し上げられていると実感している。教会の主に感謝・主にある友に感謝！　(『うみほたる』9号、2000.4)

「続・恵みは雨のように」からの抜粋

さすらいの後に現れたのが、テニスコート付きの物件である。場所は館山病院に近い丘の上、国道に面したわかりやすい位置にあり、館山市街が一望できる。三段になった土地の最上段には教会堂と牧師館、二段目のテニスコートを駐車場にする。面積も570坪位はある。専門家から「南房総伝道の志にふさわしい！」との折り紙を付けていただき、これ以上教会にふさわしい場所はないと確信した。

最上段には目下、築60〜70年の古屋があり、探検に入った役員に「踏み抜かないで！」の声が飛んだ。初代牧師は最小限の手入れをして、当面ここに住む覚悟をされたようで、「先生、体重を減らしてください！」と無理難題を吹きかける役員もいた。しかし、次の世代の牧師に、「ここにお住みください」とは言えない、建て替えるとすれば「いま」と考えている。

(『うみほたる』10号、2000.12)

(5) 建築はどのように？

敷地の利用法（全体的なレイアウト）、建築の具体的な細目など、会員の経験やこだわりが噴出し、かなりの激論が闘わされました。

まず建築の基本仕様はデルファイ・アンケートと懇談会の組み合わせで、広く意見を交わし、臨時総会で決定しました。これには異論は出ませんでした。また会堂の設計などは、経験のある1級建築士に依頼しました。細部に亘っても相談に乗っていただき、内部の摩擦を抑えることができました。それでも細かいところで、議論が噴出しました。再び『うみほたる』の記事を示します。

「続々・恵みは雨のように」からの抜粋

館山から眺める富士山は美しい。しかし、いざ登ろうと五合目でバスを降りれば、そこはゴツゴツの岩山である。アルプス越えを敢行した名将ハンニバルの「アルプス・アポン・アルプス」の思いでもって、一歩一歩踏みしめながら登る他はない。私達の教会堂建築も、いまはそのような渦中にある。(中略) 目下進行中の設計を7月に完了、12月半ばまでに礼拝堂を完成、できればクリスマス礼拝をと願っている。推進に当たっての役員会の考え方は、ウインブルドンの覇者チルデン選手のテニス必勝法「攻撃的精神で守備的にプレー」である。 (『うみほたる』12号、2001. 7)

建築委員会は「コンセプトを定め、技術論（摩擦のもと）に走らない」ように心がけ、「会堂建築の基本方針」がとりまとめられました。これらが摩擦解消に役立ちました。「後の世代に託する当世代のメッセージ」、「信仰告白としての会堂建設」[5] と理想を高く掲げますが、足下は予算の枠を考えて堅実に、そして各人が主を仰ぎつつベストを尽くし（金額などは問わず）、達成の喜びに共に与ることが目標となりました。この基本方針は教会員の心合わせに、大きな役割を果たしたと考えられます。

「続々続・恵みは雨のように」からの抜粋

伝道所の役員は一時期、旧海軍の艦隊勤務さながら、「月月火水木金金（土日休みなし）」を続けた。疲労困憊などから、役員会で「敷地利用の具体案」に関する大激論が発生した。千軍万馬、さすがの高倉両先生も、ただ目をパチクリ。伝道所開びゃく以来の椿事に、「それぞれが振り上げた拳をどこにランディングさせるか？」が懸念されたが、お陰様で「雨降って……」となった。この反省は「コンセプトを決め、技術論に走らない」、そして「専門家の尊重」の二点と考えられます。

かくして、伝道所開設５年を待たずに、新会堂が完成しました。上真倉の丘に、新礼拝堂が、美しい姿を現しました。ハレルヤ！

（『うみほたる』13 号、2001.12）

2.3. 牧師館の建築

2001 年のクリスマス礼拝を新会堂で祝いましたが、その後１年間牧師館建築活動はお休みとして、教会員の休養に当てました。しかし翌年、台風が房総半島を直撃、仮の牧師館の古屋は大きな被害を受け、新牧師館の建設は焦眉の急となりました。

(1) 牧師館の建築はどのように？

牧師館建築に当たって、役員会が留意した点は敷地利用計画に適合したレイアウトであり、また牧師と家族が住みたくなるような住宅（将来の家族数への配慮も）でした。ただ、この頃意見の激しい衝突も見られるようになり、摩擦回避のために居住家屋でありながら、設計・監理を一級建築士に依頼、プロの取りまとめに期待しました。これには一部贅沢などとの批判も受けましたが人の和を最優先、結果的に県内有数の「牧師が住みたくなる牧師館」が完成、設計士の尽力で費用も節減でき、何よりも摩擦回避に役立ちました。

(2) 牧師館の完成

議論は激しく長かったのですが、建築はアッと言う間に進みました。建築士の監督により役員の負荷は大幅に減少しました。2003 年 12 月に新牧師館が完成、クリスマスまでに入居を終えました。当初から指導に当たってくださった高倉両牧師には引退前の 2 年有余、新牧師館に住んでいただくことができました。しみじみ「良かった！」と祝杯です。

その後、夫人の祈りにも支えられて一級建築士の方も受洗に導かれたとのことで、牧師館建築も全てが完了です。ハレルヤ！

図 1–5　完成した会堂と牧師館

2.4. 会堂・牧師館建築の総括

南房教会員は、「伝道所の開設」と、「会堂・牧師館建築」で、「清水（きよみず）の舞台」から２度ジャンプしました。しかしそこには常に「主の山の備え」があり、常に祈りの2〜3倍が与えられた気がします。

①牧師、または代務者⇒フルタイムの２人（高倉謙次・田鶴子牧師）
②会堂用地：2〜300坪の願い⇒後の隣接地購入も含め、760坪
③予算：当初の目標4,500万円⇒11,000万円
④会員数：当初10人⇒10年後32人

特に、わずか14人の会員時代にスタートした土地購入・会堂と牧師館の建築は、1億円超の予算となりました。先に（表1–3）には会計報告を示しましたが、特段の資産家もいない中で、完成とほぼ時を同じくして、予約・分割献金も合わせて総額が充足されました。

「ここぞ！」と考えて献金を捧げた兄弟姉妹方も、それぞれが主の恵みを頂いています。会員の親、兄弟、子達なども、一大事とばかりに募金に参加しました。また初代牧師の前任地・千葉教会の他、献金箱をおいて応援してくださった高崎教会壮年会や、献金の他の勤労奉仕に来て、共に汗を流してくださった国分寺教会など、会員の関連教会にも励まされました。次々に礼拝にも参加してくださった婦人会連合の方々のご支援と祈りにも支えられました。まことに手厚い「主の山の備え」でした。

さらに、建築に当たっては会堂も牧師館も一級建築事務所に設計・監理を依頼しました。建築士はプロとして、会員の様々な要望を上手に裁いて、摩擦回避に役立ちました。それでも人間関係には最大のエネル

ギーを投入せざるを得ませんでした。

いまから振り返ってみて、このタイミングとスピード感でするしかなかったと思われます。募金をするにも、多分最善のタイミングであったと振り返って思いますが、どうしてこんな恵みに与ったのか、牢獄から解放されたペトロのように、なにか夢見る心地でいます。

方針決定には、教会懇談会とデルファイ・アンケートを交互に行い、意見の集約を図りました。「この手法がなければ、南房教会の今日はない」、これは後期（牧師館）建築委員長の所感です。アンケート結果を表 1–4 に示します。

表 1–4　南房伝道所・将来課題に対するアンケート（第１⇒２回集計結果）

（１）南房伝道所がこれから取り組むべき課題は何でしょうか？—箇条書き

1）地域伝道・宣教活動（1回目⇒2回目、9⇒10）
2）土地・会堂取得（3⇒8）
3）「にじのいえ」、「ひかりの子学園」の奉仕（2⇒4）
4）青年層への働きかけ（4⇒4）
5）墓地取得（3⇒4）
6）会員の研修・信徒訓練（3⇒3）
7）「にじのいえ」、「ひかりの子学園」係わり明確化（0⇒2）
8）ＣＳの開設（0⇒2）
9）地域の課題への連帯（2⇒1）

（２）そのためにどのような特徴の教会を目指すべきでしょうか？

1）開かれた（入りやすい）伝道的な教会（6⇒8）
2）交わりの豊かな（話し合い、信頼）教会（1⇒4）
3）悩みに答え、生き方を示す（2⇒3）
4）礼拝・みことば中心の教会（0⇒2）
5）特に若い人に開かれた教会（0⇒1）

（３）南房伝道所の伝道の具体的な進め方について、ご意見をお聞かせください。

1）教会の存在をＰＲ（広告・看板）（4⇒4）
2）近隣との接点づくりに工夫（3⇒3）
3）求道者・客員の定着化努力（2⇒2）
4）その他（14⇒9）

（４）会堂準備に取り組む考え方・方針についてのお考えをお聞かせください。

１）資金準備活動の開始（４⇒６）
２）先ず土地を、次いで建物（総合計画要）（５⇒５）
３）現借家を十分に活用（３⇒４）
４）次年度に具体案を策定（２⇒３）

（５）会堂建築（入手）の目標期限に関するご意見をお聞かせください。

（5-1）目標期限（○印）

１）１年以内（１⇒０）　　４）５年以内（４⇒２）
２）２年以内（０⇒０）　　５）10 年以内（１⇒１）
３）３年以内（１⇒９）　　６）その他（１⇒２）

（5-2）その理由など

１）高倉牧師任期内（３⇒５）
２）早く進める（０⇒３）
３）資金集め・土地取得に時間がかかる（５⇒１）

（６）会堂を建築する場合の内容や規模などについて、ご意見をお聞かせください。

（6-1）礼拝堂の収容人員はどの程度とすべきしょうか？―クリスマス・特別集会も含め

１）30 人程度（０⇒０）　　４）100 人程度（２⇒１）
２）50 人程度（６⇒９）　　５）150 人以上（０⇒０）
３）80 人程度（１⇒２）　　６）意見なし他（０⇒２）

（6-2）牧師館は会堂と同一敷地内（同一建物も含める）に設置すべきでしょうか？

１）同一敷地内（９⇒ 10）　　３）意見なし他（０⇒１）
２）離れた場所も可（１⇒３）

（6-3）駐車場の必要台数は総合計で何台ぐらいでしょうか？

１）10 台（０⇒０）　　４）50 台（０⇒０）
２）15 台（３⇒６）　　５）意見無し他（１⇒１）
３）30 台（４⇒７）

（6-4）敷地の広さはどのくらい必要でしょうか？

１）50〜100 坪（１⇒０）　　４）200〜300 坪（４⇒８）
２）100〜150 坪（１⇒１）　　５）300 坪以上（０⇒０）
３）150〜200 坪（２⇒３）　　６）意見なし他（２）

（6-5）予算の規模は？

１）〜 3000 万円（０⇒０）　　４）8000〜1 億 2000 万円（０⇒０）
２）3000〜5000 万円（４⇒４）　　５）1 億 2000 万円以上（０⇒０）
３）5000〜8000 万円（４⇒６）　　６）意見なし他（５⇒４）

（7）その他何でもご意見をお聞かせください。

1）ご回答できなくて申しわけありません（献金困難）。（4）

2）初代牧師と開拓期の信徒が、教会の基礎固めをすべき。

3）会堂問題は、ポスト高倉の教会存続の１ステップ。

4）土地取得と会堂建築の２段階に分けて考えるべき。

5）全国募金を前提とすると、土地取得と会堂建築の２段階は困難。

6）現在の服部さんの土地が購入できれば（予算をオーバーしても）！

7）会堂など３年以内に完成するためには、４月総会で具体案を作成してスタートを切る必要あり。

8）伝道所の経常会計はできるだけ自分達で頑張る。土地建物など教会の基本財産形成には他教会の援助も期待したい。

9）宣教・伝道の方法論に関する論議も必要と思われる。

以上

3.　牧師の招聘

牧師を招く方法として、教団では招聘制度と派遣制度があります。これまで招聘制度しか経験していませんので、その経験について記させていただきます。

3.1. 牧師招聘のケース１

(1) 初代牧師の辞任

開拓伝道の場を館山に求めて10年、会堂・牧師館建築も無事終了し、募金も充たされました。そこで初代牧師は「引退への召命」を受け、辞任を申し出ました。

(2) 後任牧師選任の手法

所属する教団・千葉支区の支区長が牧師団（南房伝道所と教団教職の人事情報に詳しい3〜4名の牧師で構成）を結成して応援してくださることになり、その牧師団に、推薦をお願いしました。

役員をメンバーとする招聘委員会が、事前のアンケートと教会懇談会での会員の希望を踏まえ、後任牧師に対する伝道所の希望をまとめ、推薦依頼書を作成しました。

〈必須条件〉

①偏らない正統的な信仰と教会観（教憲教規を尊重し、多様な考えを受け容れる寛容・柔軟さを有すること）

②礼拝・説教を中心とする

③地域に関心を持ち、開拓伝道への意欲を持つ

④聖餐に与るのは受洗者のみと考える方

⑤伝道所の謝儀を受け入れてくださる

⑥牧師館に居住していただく。車の運転が可能（これから免許取得も可）。

⑦「にじのいえ」・婦人会連合・ひかりの子学園（地元の児童養護施設）との良好な関係を維持する

〈希望条件〉

①ある程度牧会経験のある方

②在任期間５年以上を希望

ここで条件を「必須」と「希望」と区分する考え方は重要です。必須条件を一つでも充足しなければ、候補からは除外します。希望条件は、柔軟に対応します。この必須条件と希望条件は、その教会の価値観、広い意味での教会観を示すもので、相手に合わせて条件を変更しないように、候補者が挙がる前に論議し文書化することが大切と考えています。

以下の工程表をもとに、教会懇談会が開催され、教会員には中間報告がされました。このような手順を踏み、教会員の意見を尊重すれば、自分たちで「選んだ牧師」の思いが強くなります。必須条件を満たしているので、あとで後悔をする可能性を減らし、教会運営をスムーズにする

利点があります。

後任牧師を推薦する牧師団に対し、教会員のアンケートによる必須条件と希望条件を提出し、進捗状況は工程表（図 1–6）を作成して教会員にこまめに報告、教会員の参画意識を高めました。「私の招いた牧師」と感じていただくためでした。

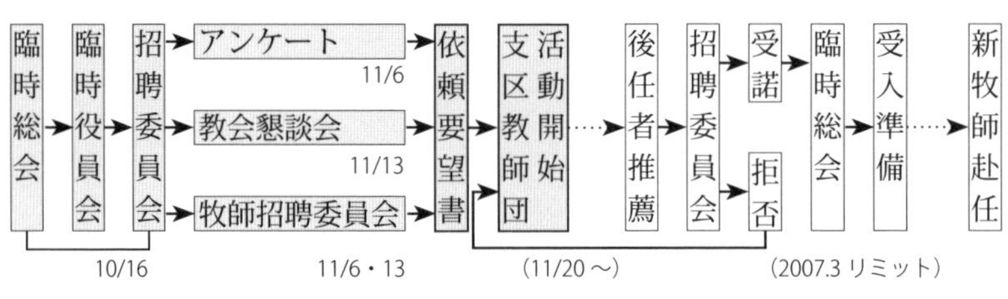

図 1–6 工程表の例（進捗に従い塗りつぶし）

(3) 招聘活動の結果

牧師団はコンタクトした推薦者からの情報をもとに、後任候補を推薦しました。伝道所側は直ちに役員会を開いて招聘を決議、招聘状を発送して快諾の返事を頂きました。そこで臨時教会総会を開催、伝道所として招聘を正式に決定しました。その牧師は、以前館山を案内したことがあり、また前任教会在任の折、聖書・讃美歌などを寄贈頂いたご縁があります。正に奇遇です。

3.2. 牧師招聘のケース 2

(1) 二代目牧師の辞任

伝道所から２種教会となり、宗教法人化も着々進行中の着任３年後に、突然の牧師辞任の申し出がありました。その理由を伺い、申し出を受ける判断がなされました。

(2) 後任牧師選任の手法

今回は支区長の異動などで、牧師団の設定は困難に思われました。そこで南房教会を良く知る複数の牧師に、個別に推薦を依頼することになりました。

(3) 招聘活動の結果

ある推薦者から推挙があり、役員会は喜んでお受けすることに決定しました。直ちに代表を派遣して南房教会の実情を説明させていただき、就任の快諾を得ました。このあと、役員会としての招聘状を発送、臨時総会の招集を行いました。

3.3. 招聘活動をふりかえって

(1) 経験した招聘活動

これまで役員として関与した牧師招聘は、国分寺教会で２名、高崎教会で１名、南房教会では３代５名です。北海道・近畿・四国・九州と飛び回ったこともあります。

(2) 候補者を推挙する手法

他教会・他教団では派遣制度など、それぞれのやり方があるようですが、ここでは各個教会が自力で牧師を招聘する手法について記します。

まずは自分たちで候補者名をあげる方法があります。また推薦者を選んで推薦依頼を行う方法や、可能ならば、教区・支区などに依頼して牧師団による推薦を頂く方法もあります。さらに神学校に直接推薦依頼する方法や、公募する方法などなどが考えられます。自分たちにふさわしい手法を選ぶことが大切です。

(3) 上記手法の長所短所

上記手法を概観します。いずれの選任方法を採るにしても、後任牧師に対する教会の希望を必須条件と希望条件に区分して文書化し、招聘委員会、役員会で承認しておくことが出発点です。

①自分たちで候補者を選ぶ方法：この方法は、身近に候補者がいる場合に限られると考えます。全く知らない方を候補として、目的を秘してその教会の礼拝に出席、説教や教会の雰囲気などの情報を集めたこともあります。限られた情報量と個人の能力からみて、判断を下すのは不可能に近く、またお迎えする方にも失礼でもあると感じました。

②情報が集まり易い方を選んで推薦依頼をする方法：一般的な手法です。依頼に当たっては、謝儀などの条件と、新任牧師に対する必須条件や希望条件などを、文書にして伝えます。もし複数の方にお願いする場合には、当初からそのことを伝えておかないと、混乱を招く可能性もあります。

③牧師団による推薦：たまたま招聘活動開始に先立って千葉支区長に挨拶に伺った役員に対し、支区長のほうからお誘いがあり、牧師団の結成をお願いすることになりました。千葉支区としても稀なケースで、弱小教会には助かる方式です。

④神学校に推薦依頼：これも一般的な方法です。その場合には、教会の現状や希望を明確にすることがより大切です。依頼された側は、可能な人材を総合的に判断して推薦しますので、依頼する側は重みのある推薦と受け取る必要があります。

⑤牧師の公募：殆ど見られないケースのように思われます。

(4) 牧師招聘の手順

牧師招聘の手順について記します。教会にとっての最重要事項ですので「教会規則に準拠して、ステップを飛ばさないこと」が基本です。まず２週間前に告示をして臨時総会を開き、前任牧師の辞任の承認と、招聘活動の役員会一任の決議をすることが出発点です。

牧師の招聘は人事にかかわることであり、選任プロセスは公開しないことが原則です。役員会は牧師招聘委員会を組織して選任作業を進めます。役員会議事録は公開が原則ですが、委員会議事録は非公開（保管場所に注意）とできます。

招聘委員会と教会員とのコミュニケーションは極めて重要です。教会員が「自分たちがお迎えした牧師」の意識を持つためには、招聘プロセスに参画し意見を述べる機会を持つことが大切です。そのためにも、教会のミッション・ビジョンなど、将来像を議論し、望ましい牧師像を推薦依頼書に明記します。

望ましい牧師像は、必須条件と希望条件に区分します。議論が堂々巡りになったり、またこんな筈ではなかったとなったりしないために、特に必須条件の議論を徹底的にしておくことが最も大切です。必須条件が満たされれば、希望条件には弾力的に対応します。

必須条件で特に重要と考えられるのは、「教会と社会のかかわり方」に関するものです。教団にはいわゆる社会派と教会派が存在すると言われます。どちらの路線をとるかは各個教会の選択です。またいずれの場合にも、信仰告白、教憲・教規や教会規則を遵守する方でなければ、教会運営はグチャグチャになります。教団紛争の根はいまも健在で、これから憲法改正問題などで紛争の再発が懸念されます。国論を二分するような政治課題に教会がどのように向き合うのか、各個教会の重い決断が求められます。教会の向かうべき方向に相応しい牧師を迎えられるような必須条件の設定が望まれます。

もう一方で、牧師も相応しい働きの場としての教会を選びます。その選定に必要な資料を提供するのは極めてフェアーです。相手の必要と考えられる資料を想定し、もれなく提供する配慮が大切と思われます。

牧師の辞任から新任牧師の招聘までの進め方には、「危機管理」の手法の適用がふさわしいと思われます（第２部2. 89頁以下参照）。

(5) 招聘から赴任に到るまで

招聘から赴任に到るプロセスを示しました。教会の実務能力が問われる局面です。モレや落ち度をなくするために工程表やチェックリストを作成し、担当者もあらかじめ定めておく必要があります。

離任牧師に対しては、最終礼拝・送別会、退職金等の支払い、歓送の手順などそれぞれ担当者を決めて進めます。新任牧師着任までの間、教会堂や牧師館の片づけ・清掃・ハウス・クリーニング手配や見回り、郵便物仕分け、非常連絡体制なども担当を決めて進めます。新任牧師には、牧師館の間取り図や備え付け器具などの情報を事前に送り、また連絡先を伝えておきます。混乱を避けるため、連絡窓口は１本化します。牧師着任に対しては、出迎え、近隣挨拶同行、当面の食事や生活の準備、引っ越し費用の支払いなど、初回礼拝では、牧師の紹介、お茶会、役員会（即決事項、教区・支区・分区総会など）、就任式準備などを行います。

3.4. 牧師をお迎えするこころ

(1) 教会員の誓約

役員も含む教会員は、牧師就任式で式文に従って次の誓約したことを忘れがちになります。ことある毎に心に掛けなければならないと、改めて反省しています。

教会員の誓約（教団式文）

〈問〉あなたがたが招聘したこの敬愛する神のしもべは、いまあなたがたの牧師として主から遣わされました。あなたがたは心から感謝して受け入れる覚悟がありますか。

そもそも牧師の任務は、祈りを第一とし、教え、勧め、慰め、導き、励まし、また戒めることであります。それゆえ、あなたがたは柔和と謙遜とをもって、その説くところの真理に従うことを約束しますか。牧師は重大な責任を身に負って、その群れの一人一人のために神の御前に祈り、また群れを守ってこれを養うものであります。あなたがたは彼に対して、使徒たちが命じたように従順であることを誓約しますか。

牧師は祈りと伝道によって、人を神の国に導き入れる務めをゆだねられた者であります。このために、あなたがたはことばと行いとによって彼を励まし、助けるべきであります。あなたがたは教会の中で紛争を起したり、党派を結んだり、分離を計ったりすることなく、どんなことも愛と和らぎとをもって行い、牧師を励まし支えて、牧会の職を全うさせるように務めなさい。

兄弟姉妹よ、主は福音を宣べ伝える者が福音によって生活すべきことを定められました。聖書に「あなたがたは、宮に奉仕している者が宮の物を食べ、祭壇に仕える者が祭壇の物にあずかることを知らないのですか」「みことばを教えられる人は、教える人とすべての良いものを分け合いなさい」と記されています。それゆえ、主および使徒たちが懇ろに教会に教えたところに従うべきであります。

〈答〉私たちは神と教会との前で誓約いたします。

4. 宗教法人格の取得

4.1. 宗教法人の概要

南房教会は伝道所から教会になって、さらに社会的な認知を求めて、宗教法人格の取得へと動きました。

南房伝道所は、開設10年にして教団から教会設立が認められ、2種教会南房教会となりました。なお教団の教規に記された2種教会とは現住陪餐会員数が20名以上で、献金総額が教区の基準に達した教会です。参考までに、1種教会とは現住陪餐会員数が50名以上などの条件を充たす教会です。

(1) 宗教法人のアウトライン

宗教法人とは、宗教者と信者でつくる、法人格を取得した宗教団体のことです。営利を目的としない非営利団体で、文部科学大臣もしくは知事が所轄庁である広義の公益法人の一つ。法律上の能力が与えられるので、教会の敷地や会堂などの不動産を所有することができます。「宗教法人○○教会規則」を作成して都道府県知事の認証を受けて備え付ける必要があります。

前記法人規則により、3人以上の規定された数の責任役員と監事を置き、その1人を代表役員とします。代表役員は主任担任教師が当たり、その任期は在任期間です。責任役員と監事は教会員の内から教会総会で選任します。

各個教会が宗教法人格を取得した場合には、単位宗教法人となります。教団は包括宗教法人であり、各個教会は教団の教憲、教規および教団の規則に従います。各個教会が宗教法人格を取得していなくとも、宗教団体として宗教活動を行うことは自由です。ただ不動産などは包括宗教団体である教団名義で登記され、法人格取得とともに各個教会に移されます。

教会が恣意的な運営がなされないように教会規則が決められます。また特定のグループに乗っ取られたり、勝手に財産の処分がされたりしないような歯止めも規定されています。一般には、組織が大きくなるほどルールによる運営が大切になります。個別の教会よりは分区・支区・教区そして教団と、上部組織ほど規則重視が必要です。

(2) 宗教法人格取得の目的

南房教会の場合には、次の３点が主要な目的でした。

①社会的な認知を得る：(敷地・建物など不動産の移管を教団から受ける。教会名での銀行口座の開設、振り込み用紙発行など)。

②教会運営のルールが整備される：宗教法人規則と同時に宗教団体規則と、それに伴う細則が整えられ、ファイルで公開されますので、教会運営が透明化されます。

③教会規則に準拠した教会の運営：決定が無効になったり、あと戻りしたりする心配がなくなります。ルールの作成には、教団総務部宗教法人係からサンプルを頂き、懇切な指導を受けることもできます。

4.2. 南房教会での宗教法人格取得の経過

二代目牧師の時代に、伝道所の基盤固めが行われました。伝道開始10年目、2007年５月には南房教会（2種教会）の設立が教団から認可されました。宗教法人格の取得は臨時総会で承認され、教会規則の改定案も承認されました。この努力は牧師が三代目牧師の時代にも継続され、2011年２月に宗教法人として登記がなされました。教団総務部、宗教法人係の指導に感謝です。

宗教法人格取得への経過

〈2007年度〉

07.04.13：千葉県庁訪問（宗教法人の申請）：牧師

〈2008年度〉

08.06.05、08.08.12 千葉県庁訪問（以後２年間の経過観察）：牧師

08.08.24：臨時教会総会（宗教法人教会規則改正、責任役員・監事選任の件）

〈2009年度〉

09.05.12、09.08.11：千葉県庁訪問：牧師、役員

〈2010年度〉

10.02.23、10.07.15、10.08.5：千葉県庁訪問（２年経過）牧師、役員

10.09.19：臨時教会総会（宗教法人設立総会）

10.10.17：臨時教会総会（宗教法人「日本基督教団南房教会」規則改正）

10.12.17：宗教法人規則認証のため、千葉県庁の現地調査

11.02.10：千葉県庁訪問（宗教法人規則認証書を受領）：牧師他

11.02.25：日本基督教団南房教会を宗教法人として登記

4.3. 取得に携わった所感

宗教法人格の取得により、結果的に教会の運営がルール化、透明化され、組織としての基盤を固めることができました。その申請のために、当局の示唆などを受けつつ数次にわたり教会規則の見直しが行われました。また「慶弔規定」や「旅費規程」などの細則も制定されました。

官庁手続きは提出書類も多く、すこぶる面倒で忍耐も必要でした。宗教法人の特典が悪用されるケースもあり県庁も慎重で、３年間の活動状況を観察の上認可となりました。

5. 南房伝道所における開拓伝道

5.1. 開拓伝道の展望と評価

(1) 南房伝道所10年間の伝道活動

基本は、まず教会の存在を知っていただき、教会に足を運んでいただくようなプログラムを準備することでした。教会内では、神社のお寺の境内を模範ととらえて環境を整備し、芝を美しく刈り調え、きれいな花壇をふんだんに設けました。礼拝を第一とする優れた説教者を牧師としてお迎えできたのは幸いでした。「隠れキリシタン」ではありませんが、地域内で教会に行けないでいた「隠れクリスチャン」などの発掘には意を用いました。長年取り組んできた「土曜こども聖書会（地元の児童養護施設との協力による教会学校）」の生徒から、さらに受洗者が与えられたことも幸いでした。

次に、10年間の宣教のための取り組みを、年度別に記します。

南房伝道所の伝道活動

〈1997年度〉

「南房総家の教会」開所礼拝（出席30名）

日本北限・沖の島サンゴを見守る会（地域活動）発会式（会堂）

季刊広報誌『うみほたる』創刊号発行、伝道所開設式に『うみほたる』2号（『うみほたる』は教会だよりとして伝道にも活用、以下10年間で30号）

「ひかりの子学園（地元の児童養護施設）」での家庭集会を開始

地元紙（房日新聞）に伝道所開設の広告

〈1998年度〉

「沖ノ島サンゴを見守る会」総会（会場提供）

環境シンポジウム「館山の海を考える会（環境保全の市民活動）」

市民クリスマス（独唱：郡司律子氏、メッセージ：高倉謙次牧師）南総文化ホール

〈1999 年度〉

道路入口コーナーに南房伝道所案内看板を設置

第 1 回環境セミナー・鏡が浦ウオッチング（館山湾の清掃など）

〈2000 年度〉

一日教会修養会「主の祈りを学ぶ」—出席 10 名、以後毎年 1 回は実施

第 2 回環境セミナー・鏡が浦ウオッチング（沖の島）

ネパール・ムスタン地域開発協力会近藤亨理事長講演会（出席 40 名）

クリスマス・イルミネーション設置、燭火賛美礼拝

バス通りおよび海岸通りの 2 か所に電柱広告を設置

〈2001 年度〉

新教会堂献堂式（出席 88 名）、丘の上の会堂が伝道

（この年は、会堂建築に集中）

〈2002 年度〉

第 1 回市民講座「ヒマラヤ 3600m で水稲を育てる」講師：近藤亨氏

「若い人の集い（CS 高校クラス）」発足

伝道礼拝（以後月 1 回、説教は高倉両牧師、信徒の証が入る）

第 2 回市民講座「ウミホタルショウと海辺の自然についてかたる」講師：三瓶雅延氏

赤山家庭集会開始（2 か所目の家庭集会）

第 3 回市民講座「洋らんづくり 30 年」講師：早川光樹氏

特別伝道礼拝　説教「夕暮れにも光あり」高倉田鶴子牧師）

第3回環境セミナー・鏡ヶ浦ウオッチング（大房岬森林浴）
市民クリスマス（独唱：郡司律子氏、メッセージ：高倉謙次牧師）
第4回市民講座「イワシ屋の自然観」講師：平本紀久雄兄

〈2003年度〉

第5回市民講座「南房の歴史・戦跡から見た館山」講師：愛沢伸雄氏
特別伝道礼拝　説教「いのちの故郷をめざして」高倉田鶴子牧師
第4回環境セミナー鏡ヶ浦ウオッチング「大房岬で緑の探検」
牧師館完成、引っ越し
フィリピン女性たちとクリスマス礼拝　15名出席

〈2004年度〉

第6回市民講座「房州キリスト教伝道の夜明け」講師：平本紀久雄兄
ミニバザー開催
特別伝道礼拝　説教「最高の道『愛』」辻哲子牧師
ニューイヤーチャペルコンサート　ウッドランドノーツ室内楽団（会場）
第5回環境セミナー「野鳥の森」ウオッチング　講師：落合哲平兄

〈2005年度〉

「こころのかたりべ寿々方（手塚京子）の公演会」「南房伝道所」にて
特別伝道礼拝　説教「キリストの招き」高倉謙次牧師
市民講座「ハンギングバスケットをつくる」講師：落合哲平兄
特別伝道礼拝　説教「思い煩いからの解放」山中正雄牧師
研修会「心病む時代における教会形成」講師：山中正雄牧師

〈2006年度〉

渡辺正男牧師就任式　司式　千葉支区長内田 汎牧師（出席 44 名）
家族礼拝（愛餐会、ゲームなど）
市民講座「ハンギングバスケットをつくる」講師：落合哲平兄
創立記念日・特別伝道礼拝　説教「一通の手紙」渡辺正男牧師
クリスマス・ミニバザー

〈2007 年度〉

特別伝道礼拝　渡辺正男牧師「苦境を乗り越える」、
礼拝後「共にうたおう―賛美の集い（小宮郁子姉）」
家族礼拝（愛餐会、ゲームなど）
「南房教会設立式」とお祝いの会（出席 81 名）
特別伝道礼拝　千葉教会三吉信彦牧師「あなたはどこにいるのか」
市民講座「ハンギングバスケットをつくる」講師：落合哲平兄
クリスマス・ファミリーコンサート　独唱・郡司律子姉

(2) 統計による全体の展望

伝道の成果について、ここではまず客観的な数値で示します。

①会員数の推移

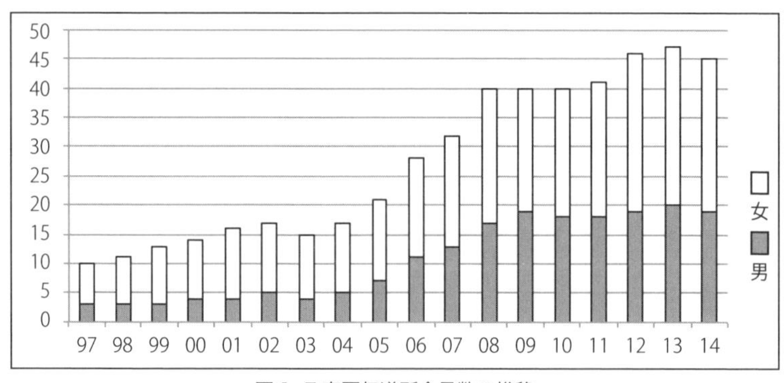

図 1–7 南房伝道所会員数の推移

②教会経常会計

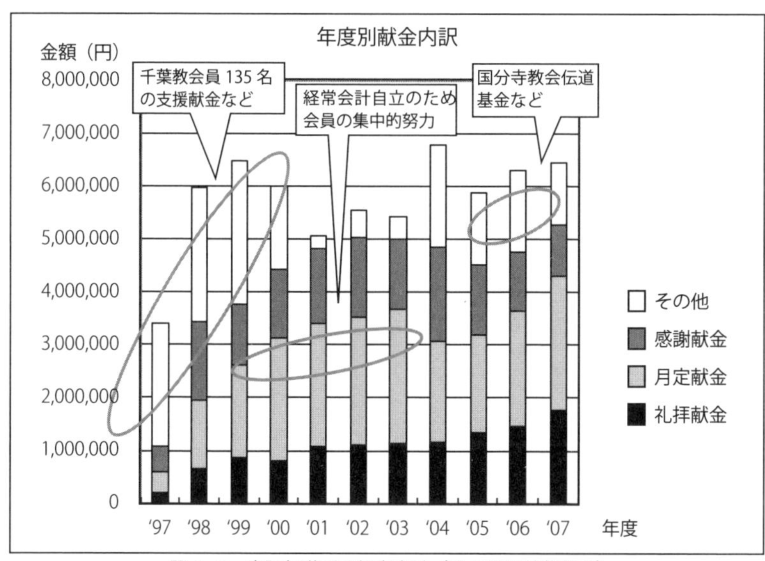

図1–8　南房伝道所の経常会計（その他は外部献金）

当初、初代高倉謙次・田鶴子牧師の前任教会、千葉教会有志の方々の3年間の支援献金は大きな支えとなりました。99年から2000年にかけて、会堂建築を進める前提として経常会計の自立が必要と考えた教会員が、集中的な努力を行ってそれを達成しました。その結果、千葉教会の支援献金が教会の手持ち資金となり、会堂建築に用いられました。会堂などの完成後の宣教活動には、国分寺教会の伝道基金による支えが、力を使い切って余力のない伝道所のあと押しをしました。国分寺教会は資金のみでなく、毎年会員の方々が泊まり込みで勤労奉仕をして共に汗を流してくださったことが大きな支えとなりました。

当初10名の会員でスタート、会員数の増加に伴って礼拝出席者数も増加しました。新会堂の完成後は、婦人会連合や関係教会などからの来客数も多くなりました。

③礼拝出席者内訳

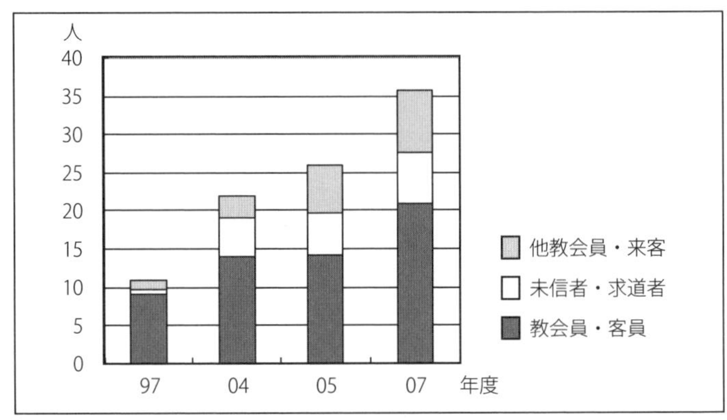

図 1–9　開拓当初の礼拝出席者内訳

④礼拝新来者数

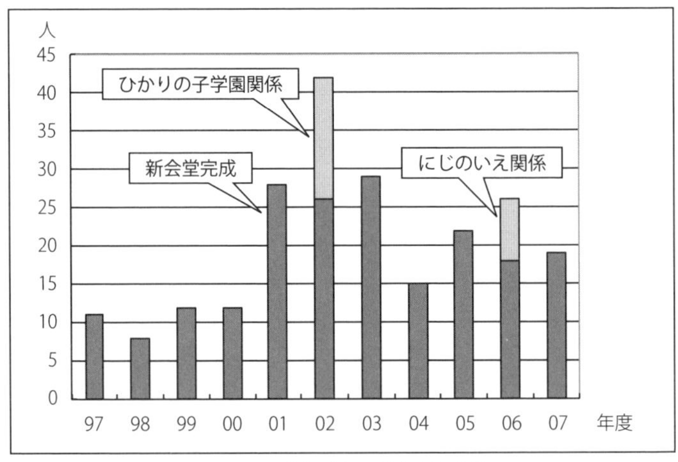

図 1–10　開拓当初の礼拝新来者数

2001 年、新会堂完成とともに地元の新来者数が増加しました。2002 年の急増は、「土曜子ども聖書会」が「にじのいえ」から教会に移ったことによるもの。全般的には新会堂効果が大きく、近くの大型スーパーから見える丘の上の会堂と十字架が市民に呼びかけました。「建物が伝道しています」とは初代牧師の弁です。

(3) 受洗へのステップ

伝道活動の結果でもある受洗に到る道を考えます。

伝道所開設からの約10年間の受洗者数は17名でした。伝道圏の人口は当初15万人、人口減によりいまは14万人台となっています。受洗に到るステップを次の方程式に区分して考えています。

受洗者数＝伝道圏人口 × 教会認知率 × 来訪率 × 継続率 × 受洗率

南房伝道所開設以来10年間の上記方程式に対応した値を（図1–11）に示しました。

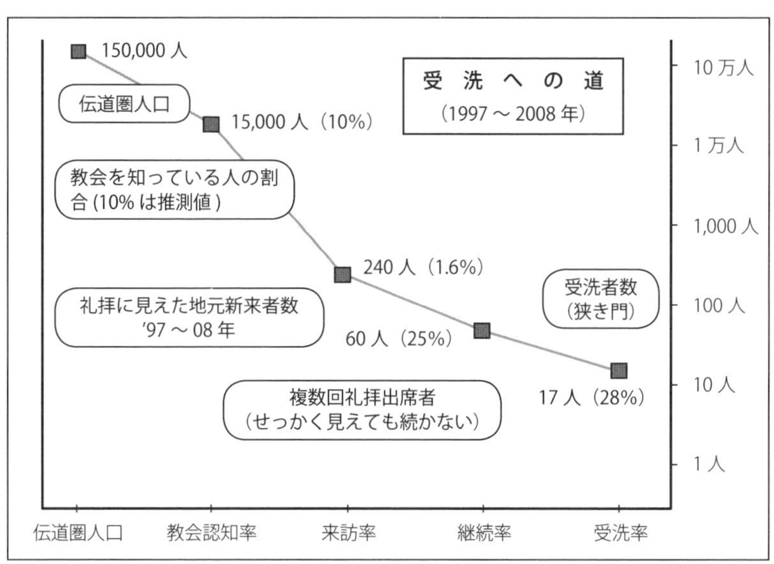

図1–11　礼拝出席者～受洗者数

伝道圏人口は当初は15万人です。市民講座や音楽会などへの出席者累計は1100人、礼拝に来た人の数は240人、2回以上礼拝に出席した人の数は60人、そこから17名が受洗しました。

上記ステップに対応した伝道活動を（図1–12）に示します。歴史の浅い少人数のグループで、会堂建築なども並行して行われたため、役員などは超多忙となり、得心の行くようには実行できませんでした。

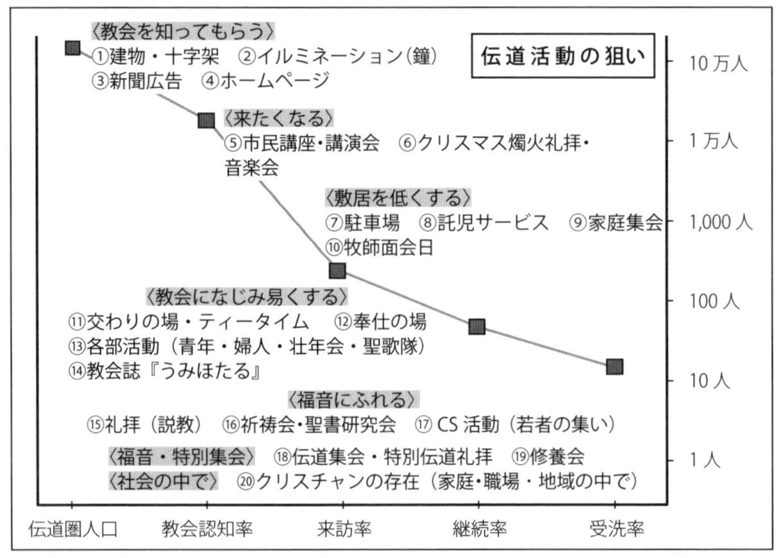

図 1–12　伝道活動の狙い

〈市民に教会の存在を認知してもらう活動〉

教会の認知率を上げる活動です。礼拝堂の十字架は夜間ライトアップ、クリスマスには館山では当時まだ珍しかったイルミネーションが飾られました。漆黒の闇に美しく輝き、わざわざ見に来てくださった方もいます。新聞広告の他、当初の教会はわかりづらかったので電柱広告をしたこともあります。伝道礼拝や音楽会などは市内にポスターを貼って宣伝しました。

〈教会に来るきっかけ作りの活動〉

教会への来訪率を上げる活動です。クリスマスは伝道の絶好のチャンスととらえ、市民クリスマスやコンサートなどを行いました。市民講座はテーマを定めて行われました。「農と自然を考える会」、「南房の歴史に学ぶ」、また「ビジネス講座」など、会員の特技を活かした講座が行われました。また「沖の島のサンゴを見守る会」や海岸の清掃などにも積極的に参画しました。教会員の王立園芸協会会員による「ハンギングバスケット講習会」は大盛況でした。

〈教会の敷居を低くする活動〉

出席継続率を上げる活動です。新しい方が見えたときは、牧師はその場で説教をわかりやすく変更していたようです。礼拝後のティータイムも、話の輪に入れるように会員は勉めました。教会を美しく保つ努力もしました。草刈や落ち葉清掃は多大な労力を要しますが、牧師も加わって実行しました。園芸家である会員の尽力で花壇も美しく整備されています。駐車場も整備し、目下のところ30台近くの駐車が可能です。さらに隣接地も購入しましたので拡張可能です。車を前提に考えれば、伝道圏14万人への備えが整ったと考えられます。託児サービスは残念ながらまだ実現していません。

教会員が共同で何かを行い、その中で居場所を見つけられることが大切だと思います。各部活動や奉仕の場に出ていただくことは効果的です。伝道委員が、初めて来た方をそれぞれのグループに紹介していました。広報誌『うみほたる』の発行なども、教会と会員を知っていただくためには有効でした。

〈礼拝・みことば〉

受洗率向上の活動です。新来者は一発勝負と考えます。礼拝に出席した日に、説教のどこかに、心に触れるものがあって欲しいと切に願います。そのような思いから、特別伝道礼拝の他に、月に一度は伝道礼拝としました。仕事で礼拝に出られない若者1人のために、ある期間夕拝が持たれ、その方の受洗へとつながりました。

(4) 新来者が教会に来るきっかけは

伝道委員が調べた、新来者の教会に来るきっかけを紹介します。

・職場や家庭での、人間関係の悩みの相談に
・昔、ミッションスクールや日曜学校に通っていたので
・結婚・転勤・転居などで教会を離れ、探していた
・退職して時間ができ、人生を考えたくて
・介護を受けていた高齢者が「教会、教会」と言っていたのを聞いて
・千葉テレビ「ライフライン」で、地元の教会を紹介されて
・ホームページを見て
・教会員の日常の姿に触れて
・市民講座、特別伝道礼拝に誘われて

上記の結果からは、様々なきっかけや動機があると思えます。そのような様々なニーズに教会は答えてくれそうと感じたとき（話を聴いてもらえ、わかってもらえる人がいると感じたとき)、再び教会に足を向けるのではないでしょうか。

ただ私の感触では、教会に来る若い方は必ずホームページで確認してから来ているようでした。ホームページは新しい教会の顔です。ホームページの在り方については、大きな研究課題であると受け止めています。

(5) 統計の裏側

上記の統計には、受付当番とは別に、この間受付に立ち続けた一人の姉妹の努力があります。出席者は名前を記帳しますが、新来者には新来者カードを書いていただきます。その際、どのような手段で教会を知ったかなどを聞いて、それらPR手段の効果を確認していました。また関心のありそうな教会の活動や個人の紹介にも務めていたようです。

地元新来者に対する受洗者の割合は 17/240 でした。これをどのように評価すべきでしょうか、分析が必要です。

ともかく統計的なデータを集めるのは大変ですが、伝道の方策を考えるには貴重です。

5.2. 南房教会での若者とのかかわり

(1) 土曜子ども聖書会

館山市の児童養護施設「ひかりの子学園」とのかかわりは、「にじのいえ」以来です。施設の子供たちが中心となり、町の子たちも加わって教会学校「土曜こども聖書会」が持たれ、年配者の多い教会のバランスを保っています。ここから数名の受洗者が与えられたのも恵みです。クリスマスには伝統あるページェントが行われます。学園のバザーには、卒園生たちも応援に駆け付け、教会員との旧交も温めます。

(2) e−若い人の集い

土曜子ども聖書会の生徒たちもやがて巣立って行きます。進学したり、就職したりして館山を離れますが、その子たちのために e メールによる「e−若い人の集い」が立ち上げられ、毎月１回、牧師からのメッセージ等が送られています。

(3) 若者との向き合い方

教会学校（CS）の教師が若者と向き合う基本的なスタンスに、「後生畏（おそ）るべし」（『論語』子罕第九 22）[6] があります。

英訳では “Respect the young.”[7] です。

若者の持つ将来の可能性に着目します。ここで世間的な出世を期待している訳ではありません。すべての若者に、その人でなければならない大切な役割が「主から託されている」と信じるからです。

若者に伝えるものとして、「聖書の知識」や「信仰の歓び・感謝」があります。もう一つ大切と考えているのは、「真剣に向き合い、たとえその内容に至らないところがあろうとも、できる限りのきちんとした準備をして臨む」ことです。そのことによるモラールの伝達があります。また名前を憶え、いつ来ても名前で呼びかけられるようになりたいものです。

筆者は受洗後の大学の４年間から始まって、いまに至るまで50年近くCS教師をさせていただいていますが、学ばせていただいたことの方がはるかに多いと感謝です。昔からの生活の知恵として「子を易(か)えて之を教う」[8]（『孟子』）があります。実の親子の間での教育は容易ではないので、子供を交換して教育したのがいわれとされます。CSでは、自分の子に対する思いで接したいものです。

(4) 地方の教会から

南房教会のような地方の教会では、CSの生徒は貴重な存在です。たとえ１人であろうとも、真剣勝負で臨みます。その生徒が進学したり、就職したりして都会に出て行った場合、都会の教会は受け容れに無関心と見える場合があります。

一方、いま東京で生活をしてみて、受け入れ側の立場もわかるようになりました。人の出入りが激しくて、名前を覚えるだけでも大変な現実がそこにあります。地方の教会と都市教会のバトンタッチが大切ですが、その責任は送り出す側にある（情報伝達の原則：伝える側が、伝わるように伝え、結果を確認する）と心得ています。その伝達努力が不十分であったと、反省されます。

かつて長女が米国の大学に交換留学した際に、先方にはケアーファミリーという制度がありました。留学生を時おり家庭に招き、ケアーをしてくださいました。私もお返しに、日本への海外留学生のお世話を少しばかりさせていただいたことがあります。

地方から都会に出て来た若者に対して、教会が温かい止まり木の役割を果たせないかなと願っています。都会の教会では若者の声に耳を傾け、そのニーズに応える努力が大切です。

(5) CS 教師の恵み

若い人と触れ合うことでエネルギーを頂いている昨今です。これは欧州のある有力なサッカー・コーチが言ったとか、「コーチも選手も、ともにサッカーを学ぶ生徒」というものです。正に名言ではないでしょうか。私達は「ともに聖書を学ぶ生徒」なのです。

いま仮に2か月に1回、説教（奨励）をするとして、年間6回となります。10年で60回、50年で数えれば、合計で300回となります。普段は聖書の通読をしていますが、少なくとも説教の時だけは注解書も片手に、精読することになります。CSの生徒に鍛えられ、育てられていると確実に言えます。教師の方が多くの貴重なものを頂いて来たと、感謝と懺悔ではないでしょうか。CS教師をさせていただくのは、計り知れない恵みです。

注・参考文献

1) 南房教会 10 周年記念誌発行委員会編『さあ共に生きよう―南房教会 10 年の歩み』南房教会、2008 年、9-30 頁。

2) 全国教会婦人会連合編『婦人会連合小史Ⅱ』全国教会婦人会連合、63 頁。

3) デルファイ法の詳細は、参考文献も含めて、本書第 2 部 2.1.4 に記しました。ここではその要点のみ記します。デルファイ法は同じ質問のアンケートを繰り返す方法で、2 回目以降は前回までの回答を要約して添付します。またアンケート集約後には、その報告や懇談会も行うことができます。それらの情報をもとに、次回アンケートでは自分の回答も自由に修正できますので、急速に意見が収斂します（図 1-2）。別名収斂アンケート法とも呼ばれるゆえんで、合意形成の手法としても極めて有効なことを見出しました。

4) 深田種嗣牧師（1901～1965）は、神戸に生まれ、若くして賀川豊彦の運動に参加、関東大震災の救援のために上京しました。1927 年、青山学院大学神学部を卒業、米国太平洋神学校に留学、加州のベーカースフィールド日本人メソジスト教会牧師などを歴任、1937 年に帰国して、東駒形教会牧師に就任しました。敗戦とともに小金井市向日荘（戦災者引揚寮）にて伝道を開始、近くの国分寺に土地を得て、現在の東京・国分寺教会（教団）を設立しました。筆者は就職して上京、国分寺教会にお世話になりました。当時の国分寺教会は「青年の教会」を掲げ、青年会長は自動的に役員となるルールがあり、筆者も 25 歳で役員を拝命しました。1965 年、深田種嗣牧師が病で召天される年のお正月の書初めに残された三首の短歌の一つが、

　「横を見ず　上を仰ぎてひたすらに　なすべきをなし　果てんと思う」

です。辞世の句と言って良いのではと考えています。

・深田種嗣牧師記念事業委員会編『陶工（深田種嗣牧師帰天 10 周年記念）』国分寺教会、1976 年、表紙裏、目次の前の頁。

　さらに深田種嗣牧師の素晴らしい説教は、次の文献にも収録されています。真夏の冷房のない会堂でも、説教に聞き入って暑さを全く感じない不思議な経験も思い出されます。

・国分寺教会説教集編集委員会編『丘の上の教会―国分寺教会説教集』国分寺教会、1997 年、3-57 頁。

5) 「会堂建築基本方針」の作成は、教団高崎教会での会堂建築の経験を活かしたものです。その基本方針には「後世に残す私達の信仰の現れである。『信仰告白としての教会建築』が成されるように、神の導きを信じつつ人事を尽くす。」

の文言があり、南房教会でもその思想が盛り込まれました。

・高崎教会120年史編纂委員会編『高崎教会120年史』高崎教会、2004年、111-120頁に詳細が記されています。総予算は1億3300万円でしたが、会堂完成とほぼ同時期に予約も含めて充たされました。教会員全員の参画が鍵と考えています。

6)　宇野哲人『論語新釈』講談社学術文庫、1983年、253頁。

7)　Arthur Waley, *The Analects of Confucius*, Unwin Hyman, 1988, p.143.

8)　諸橋轍次『中国古典名言辞典』講談社学術文庫、1984年、116頁。

第２部

教会運営の基盤
――マネジメントとリーダーシップ――

1. 教会における意思決定

1.1. 教会における意思決定の基本[1)]

(1) 会議制と多数決：各個教会では、教会規則に則って意思決定を行います。ここでは南房教会の教会規則を参照しますが、内容は教団教会共通とみられます。基本は会議制で、多数決原理に従い、決定には全員が従います。

教団教憲（第４条）[2)] と教会規則（第４条）[3)]

①本教団は教憲および教規の定めるところに従って、会議制によりその政治を行う（教団教憲　第４条）。

②この教会は日本基督教団の教憲、教規ならびにこの教会規則の定めるところに従って教会的機能および教務をおこなう。（教会規則　第４条）

(2) 教会総会で決めること：教会総会が、教会最高の意思決定機関です。教会規則により教会総会や役員会の機能が決められています。教会総会で処理する事項は次に示します。

教会規則（第 26 条　教会総会）[4)]

①前年度の教勢および事務報告ならびに当該年度の事業計画に関する事項②収支予算および決算に関する事項　③教会規則の変更に関する事項④担任教師の異動に関する事項　⑤役員の選挙に関する事項　⑥教会財産の管理その他の財務に関する事項　⑦教区総会議員の選挙に関する事項⑧支区総会議員の選挙に関する事項　⑨その他教会における重要な事項

(3) 役員会で決めること：役員会が処理する事項を次に記しました。

教会規則（第 36 条　役員会）[5)]

①礼拝および聖礼典の執行に関する事項　②伝道および牧会に関する事項　③教会記録に関する事項　④金銭出納に関する事項　⑤信徒の入会、転入および転出に関する事項　⑥信徒の戒規に関する事項　⑦教会総会に提出すべき収支予算および決算その他の議案に関する事項　⑧担任教師に関する事項　⑨教会財産の管理その他の財務に関する事項　⑩教会諸事業の管理に関する事項　⑪その他教会における重要な事項

1.2. 教会における意思決定の目標

当然、良い意思決定を目指しますが、良い意思決定とは何でしょうか？　教会における意思決定の目標は、次の通りと考えられます。

①教会の目指す方向（ミッション・ビジョン）と整合性のある決定。
②教会の伝統や歴史的な価値観・行動指針に準拠する決定。
③少数・異質の意見も尊重、専門家の見識も含めた、衆知を集めた決定。
④メンバーが参画して論議を尽くし、納得する決定（スムーズな実行につなげる）。

1.3. 教会における意思決定の課題

上記の意思決定目標の阻害要因が課題です。次に課題を列挙します。

①教会の目指す方向が明確でなく、あるいは合意できていない。

②教会の価値観・行動指針が明確でなく、あるいは合意できていない。

③会議のメンバー選任などに課題があり、衆知を集めたことにはならない。

④議論を尽くす体制にはなっていない。

会議の出席メンバーが10人を大幅に超える場合、発言の機会や時間が物理的に制約されて議論を十分深めることは困難です。会議はセレモニーと化し、役員会など執行部提案の議案を承認するだけで終わることが多くなります。

(1) 教会の「目指す方向」と整合性のある決定

教会活動はその「目指す方向」が最も大切で、それは教会の「使命(ミッション)」、「目標(ビジョン)」、「行動指針(バリュー)」[6] の形で示すことができます。

①使命(Mission):その教会の社会的な使命、存在目的です。

②目標(Vision):使命達成の評価指標と、その具体的な目標です。

③行動指針(Value):教会の歴史と伝統に根ざした価値観・行動指針[7] です。

設立されたばかりの南房伝道所では、共通認識として図2–1に示したミッション・ビジョン・バリューが少しずつ形となり、牧師や役員の共通認識となりました。

まずミッションの「地区15万人への宣教」は当初から明確な目標でした。そのミッションを実現するための当伝道所の具体的な目標であるビジョンは、宣教の母体である「伝道所の存続」と、信徒数が20名を超えての「教会の設立」となりました。そこで第一段階である「伝道所の存続条件の確立」が当面最大の課題となりました。

伝道所が開設した後、伝道所の存続条件は「後任牧師の招聘が可能であること」、そのためには「会堂・牧師館が必須」という形のビジョンに展開されました。懇談会やアンケートの繰り返しにより、会員の覚悟が定まりました。

ミッション	南房教会の使命、「何のために」存在するのか？ 「キリストの体」なる教会―地区 15 万人への宣教 「礼拝を重んじ、福音宣教に励み、地域社会のために祈る」

ビジョン	創立当初の目標 ①教会の存続条件の確立⇒後任牧師の招聘可能⇒会堂建築 ②伝道所から教会へ⇒教会員数倍増（10 → 20 名）

バリュー	取り組み方・行動指針・規範 ①「歴史を導く主」に信頼、お委ねしつつ人事を尽くす。 ②奉献・奉仕に当たっては「横を見ないで、上を見る」 ③「参議が多ければ実現する。 箴言」→デルファイ法 ④素人論議より専門家の活用

図 2–1　開拓期の南房伝道所が想定したミッション・ビジョン・バリュー

もしこのビジョンが無ければ、会堂建築の着手は遅れ、後任牧師招聘には間に合わず、招聘に支障を来していた可能性が大きく、そうなれば、開設されたばかりの伝道所が「存続の危機」に見舞われ、漂流していた可能性も否定することはできません。

南房伝道所が２種教会になるためには、当初 10 名でスタートした会員数が 20 名を超える必要があります。完成した会堂１階のひさしの下、腕木には、教会設立への願いが 20 匹の魚として彫り込まれ、会員数が 20 人に達する願いを示していました。

上記二つのビジョンはデルファイ・アンケート（69 頁以下に詳述）などにより、会員の共通認識となりました。このビジョンがあったからこそ、会堂建築にあそこまで一致して頑張り抜けたと思えます。当初、寄合所帯であった南房伝道所がその共通認識を持つことができたのは、正にこのアンケートの効果と考えています。これらのビジョンは、伝道所開設後10年にして実現しました。

(2) 南房教会の行動指針・バリュー

教会にはその歴史の中で育まれた、習慣・伝統・行動指針・規範といった価値観（バリュー）があります。

南房伝道所のバリューは、伝道所開設以来10年間の活動の中から生まれたものです。「教会が歴史を造りつつ生きる」[8)]という事からは、当事者としては貴重なものと考えますが、歴史の波にもまれ、歴史の批判に耐えたものではありません。伝統ある教派の歴史的に形成されたバリューすなわち価値観・行動指針とは、比較すべくもありません。

それでも、自分たちの行動を文書化して指針にまとめ、やがて教会の伝統・バリューとする努力は大切に思えます。自分たちが主体的に取り組んで始めて、歴史的なバリューの意味が、あるいは先人の苦心が見えてきます。

(3) 教団教会の行動指針・バリュー

教団教会では、合同前の旧教派のバリューは多様で豊かですが、合同した後は、その多様性が生かされず、逆に貧しい状況になっていると考えられます。牧師や信徒に受け継がれた属人的で豊かな教会観も、世代交代とともに消え失せます。教団の過半数を超える戦後の新設教会では、バリューについては白紙からのスタートが多いと考えられます。バプテスト教会[9)]で育った筆者には、経験した範囲の教会は真空地帯のようにも映ります。

私達、各個教会は、これからの変動の激しい困難な時代を明確な価値観なしに生き抜くことは困難と思われます。ここでプロテスタント教会の根源となる価値観を改めて学び直し、検証しながら、一つ一つ取り入れてゆく努力、すなわち「歴史の継承」が求められると考えています。

1.4. 教会における意思決定の手法

(1) 教会における意思決定の形態

日本のプロテスタント教会での教会政治の形態は、監督制、長老制、会衆制があると言われます。『教会役員ハンドブック』[10] にその概要が示されています。

表 2–1　教会の伝統による役員会の位置付け

	監督制	長老制	会衆制
役員会の名称	幹事会・役員会	長老会	執事会・役員会
役員会の位置	教師の補佐	教会の責任主体	教会総会の代行
キリストの権威を表すもの	全体教会では監督（司教）、各個教会では教師（司祭）	各個教会の長老会（小会）と地域諸教会の会議（中会）	各個教会の教会総会
教会総会の位置	各個教会の代表	長老選挙の主体	最高決議機関
教師の位置	主の権威の代行	長老の一人	会衆の一人
教師の赴任	監督による任命制	各個教会の招聘と中会の仲介・承認	各個教会の招聘
全体教会	監督の下に強い結束	中会（地域）と大会（全国）	各個教会主義。見える全体教会はない。
信仰告白	基本信条	教会の絶えざる告白	それぞれの告白
教派	カトリック、英国教会、ルター派、メソジスト、ホーリーネスなど	長老派（改革派）	組合派、バプテスト派など

教団の意思決定は、教憲・教規では会議制を規定しています。会議制による意思決定は「会衆への丸投げ」にならないような注意が必要です。役員には正しい決定が導けるように、プロセスを指導できる見識と、その手法に熟達する必要があります。

ときには世話役は認めてもリーダーの存在を認めようとしない、日本の環境も覚悟する必要があります。リーダーには悩みを背負う覚悟が求められます。

(2) 衆知を集める手法

筆者が企業人として活用してきた方法で、教会でも有効と認められた「衆知を集める手法」を列挙します。ここではそのアウトラインを知るために、実施例も示します。まずそれらのコンセプトを理解し、使ってみたい手法を選びます。企業人など経験者の知恵を借りることが最も有効です。これらの手法は企業などではよく用いられており、経験者がいない場合には、それら手法のコンセプトを念頭に入れるだけでも有効です。文献は数多くありますが、一番初歩的で薄い本から入ることをお勧めします。

なおデルファイ法は「合意の形成」や「課題の探索」などに極めて有用です。とくに会議の開催自体が困難なコロナ下の教会での活用が望まれますが、教会関係での実施例や文献が見当たらないので、以下に詳細に記させていただきました。

表 2–2　衆知を集める手法

目的	手法	発案者	コンセプト
アイデアを集める	BS	A. F. オズボーン	多様で多数のアイデアを集める手法
アイデアを整理	KJ 法(親和図法)	川喜多二郎	バラバラのアイデアを整理、体系化する
順位付け	KT 法の SA	ケプナー／トリゴー	重要性、緊急性、将来性などで順位付け
重点化	パレートの法則	V. パレート	パレート図上位 20％が 80％のウエート
選択と決定	KT 法の DA	ケプナー／トリゴー	複数案から最善の案を選ぶ手法
合意形成、予測	デルファイ法	ランド社（米）	同じアンケートの繰り返しによる紙上討論

1.5. デルファイ法[11)]

(1) デルファイ法の概要

デルファイ法が教会など集団の「意思決定」と「課題探索」に極めて有効であることが見出されました。特にコロナ下の教会においても活用の拡大が期待されます。この手法は元来、1950年代に米国のシンクタンク、ランド・コーポレーションで開発されたもので、わが国では、主として官公庁・学会・シンクタンクなどで、「未来予測」などの手法として用いられることが多いようです。

①デルファイ法の手法

手法の特徴は、同じ設問のアンケートを繰り返すことです。アンケートの設問には、単なる賛否だけではなく、その理由や意見なども求めます。２回目以降のアンケートでは、前回までの集計結果や意見の内容を集約して添付します。そこで参加者全員の幅広い意見が示され、自分の意見を再評価出して、次のアンケートでは自由に意見の変更もできます。結果的に通常2〜3回のアンケートで意見が収斂するので、収斂アンケート法とも呼ばれています。ただ回答者に信念や立場の異なるグループが存在すると意見が分かれ、収斂しないで平行線となる場合があります。その場合には異なる立場の存在が明確化します。

②デルファイ法の特徴

デルファイ法の特徴を次にまとめてみました。役員会や教会総会の開催が困難な場合にも有効と考えられ、要注目です。

- 会議のように集まる必要がなく、参加者の人数にも制限がない。
- 離れた場所にいる各分野の専門家の意見も幅広く収録できる。
- 参加者の意見は平等に扱われ、声の大きい人達に振り回されない。
- 賛否だけでなくその根拠が示されるので、次回の回答に参考になる。

・前回アンケートに収録された多方面からの意見なども参考に、自分の意見を修正できる。

・経験上、2回目のアンケートで意見は収斂する。

・収斂した結果への合意が得やすい。

③会議による意思決定の特徴

上記と対照的な会議による意思決定の特徴と課題を示します。

・会議には同じ日、同じ時間に、様々な人が集まることが必要。

・出席人数が10人を超えると、発言機会が少なくなり、議論を尽くすことが困難となる。

・長時間の会議では、終始緊張を続けることは生理的に困難。

・議場での「声の大きい」人に影響を受けることがある。

・多くの場合、会議は議論の場というよりは、予め決められた原案承認の場となることが多く、セレモニー化する危険性がある。

・出席者は採決で挙手するだけとなれば、参画意識が高いとは言えず、実行に当たっての全面的な協力が得にくい場合がある。

・利点は、顔を突き合わせての議論ができること。

(2) デルファイ法の適用

教会おける会堂建築などでの合意形成や、教会の現状評価と課題の探索（例えば、伝道への取り組み方針）など課題探索へのデルファイ法の適用について記します。

①高崎教会での適用例（合意形成）[12)]

筆者が経験したデルファイ法の教会への適用は、高崎教会が初めてでした。突然の牧師の辞任を受け、都市計画に基づく会堂移転、その前提としての教会の使命や目標などの基本が確認され、具体的な会堂の仕様など建築の基本計画が定まりました。この手法で合意が形成され、結果

的に素晴らしい会堂が与えられました。(詳細は 127 頁の注 12 を参照)

②高崎友の会での適用例（合意形成）

当時高崎教会員でもあった「高崎友の会（羽仁もと子『婦人の友』愛読者の会)」のリーダーは、意見のまとまらなかった「友の家」建設計画にデルファイ法を適用、見事に合意を達成することができました。教会外では初めての適用経験となりました。

③南房教会での適用例（合意形成）

南房教会では、伝道所の開設や、会堂建築、牧師招聘など節目、節目の合意形成の手法として用いられ、当初の寄合所帯がまとまって、大事業に挑むことができました。その結果は第１部に記しました。

④課題探索型のデルファイ

その後「教会の現状評価と今後の伝道への取り組み方」など課題探索型のアンケートも実施、幅広い意見が寄せられ、有効性を確認しました。ここではそのアンケートの手法が明らかとなるように、アンケートの一部を収録させていただいております。合意形成型のデルファイ法は本書第一部に記しました。

(3) デルファイ法を成功させるには

デルファイ・アンケートを成功させるためには、コーディネーターが大切な役割を果たします。デルファイ法で意見が収斂するのは、コーディネーターがアンケートの結果を要約してアンケート回答者に提示し、回答者が全体の知識を共有した上で自分の意見を見直して修正できるからです。その際にコーディネーターに求められる注意点を以下に列挙します。

①第一問は答えやすい設問から入ります。回答者を引き込み、拒絶反応を抑えるためです。２回目があるので１回目は気軽に、必ずしも全問

に回答しなくとも良いとします。

②単純明快な設問、Yes・No や選択の質問は答えやすく集計も容易です。しかし、そのような選択問題にも、その「判断の理由・根拠」を記入する欄も設け、具体的な意見を自由に記入できる配慮が必須です。その根拠が整理されて次回のアンケートで示されるので、回答が収斂します。

③コーディネーターにはフェアーな態度が求められ、特定の方向に誘導しようとしてはなりません。

④同じ内容で表現の異なる回答は代表意見に集約します。集約しないと、次回アンケートでの賛否記入が分散して混乱を来します。意見の集約は極めて重要なステップです。

⑤意見の集計・集約に当たっては、KJ 法（親和図法）が有効です。集めた回答を 1 部コピーして、意見毎にバラバラに切り離し、内容の似通った回答を集めてグループ化します。81 頁（2）に述べる KJ 法の適用です。ここでグループ化した意見を要約する代表意見（表札）の作成、その表札ごとの回答件数を数えておきます。このグループ化・表札づくりにコーディネーターの課題に対する眼力が問われます。機械的にはできない作業です。

⑥アンケートの集計に当っては以下の点に注意が必要です。

- 寄せられた意見は原則すべてを収録する。
- 自分の意見が取り上げられたとわかるように、文章のニュアンスを尊重する。
- 同一と見なせる意見の数も記載する。2 回目では記号（→）で数の変化を示す。
- 反対意見などは、より丁重に扱う。

⑦コーディネーターに対する信頼感がなければデルファイ法の成立は困難と言えます。アンケートする内容を熟知し、自分の意見や考えを持

ちながらもより良い合意を求めます。参加者への尊敬と信頼が求められます。

⑧アンケートの集計がまとまったならば、報告・懇談会の実施が望まれます。報告会では顔をつき合わせて、様々な考え方や意見の生の声に触れ、全体の状況も把握、それぞれのメンバーが自分の考えを修正することが可能です。

アンケート ⇒ 報告・懇談会 ⇒ アンケート ⇒ 報告・懇談会

図 2–2　望ましい手順

(4) デルファイ法の実施例――合意の形成

「合意形成」を目的としたデルファイ・アンケートの実施例は、第１部に記しました。ここでは合意形成にいたるコンセプトを述べます。

アンケートを繰り返すことにより、自分の意見も出し尽くし、人の意見も聴き尽くすことができます。そこで意見が収斂し、収斂した結果を総会などに掛ければ、スムーズな合意が得られます。リーダーから押し付けられた結論でなく、自分たちが決めた結論となり、参画意識も高まり、実行する段階で協力が得やすくなります。

寄合所帯であった南房伝道所が、激論を交わしながらも分裂しないで、短期間に合意が達成できたのはデルファイ法のお蔭と感じています。南房教会の前に筆者が所属していた高崎教会でも、デルファイ・アンケートのお蔭で激しい議論も収束し[13)]、結果として素晴らしい会堂が与えられました。

(5) デルファイ法の実施例――課題の探索・評価

デルファイ法では、いわゆる「合意形成」の他に、「課題の探索・評価」にも用いることができます。その場合には「探索」と「評価」を区分して考えます。

第１回目のアンケートは、課題の探索と位置付けます。回答者の問題意識は断片的で、人によって偏りがあります。しかし回答全体を集めると、そのグループの持つ問題意識が集約されます。

第２回目以降のアンケートでは、列挙された問題意識すべてに対する全員の評価が示されます。この２回目のアンケートでもさらに新しい意見が示された場合には、必要に応じて３回目のアンケートを実施して、さらに全員の評価を受けます。このようにして課題の探索・評価を、最も効果的、効率的に行うことができます。

以下にその実施例を示します。ある教会における「教会の問題点の摘出と今後向かうべき方向を探索する」アンケートです。このアンケートの設問は全て記しますが、第１回目の回答、それを受けての第２回設問、第２回回答などについては、一部を収録させていただきました。アンケートの進め方がご理解いただけるのではと期待します。回答者数は45 名で、課題探索型としては殆ど初めての経験でした。

第１回目のアンケート設問（全文）

同じアンケートを２回行いますので、１回目は「お気軽に、書けるところだけ」でも。

設問〈1〉教会の評価

①あなたはこの教会が気に入っていますか。（はい、いいえ、その他）
②当教会の良いと思われる点をあげてください。
③当教会の改善が必要と思われる点をあげてください。

設問〈2〉礼拝出席について

①月何回ぐらい、礼拝に出席していますか。（1 回以下、２～３回、ほぼ毎週）
②教会に来るための時間はどの程度でしょうか。（15 分以下、30 分以下、60 分以下、60 分以上）
③ご自分の出席を困難にしているものがあるとしたら、何でしょうか。

④高齢者や、子育てのお母さん達が礼拝に出やすくするためには、何が有用でしょうか。
⑤家族や知人を教会に誘うために、何が望まれるでしょうか。
⑥あなたにとって夕拝は（必要、あった方がよい、なくともよい、不要）
⑦礼拝に対するご意見がおありでしたら、何なりと。

設問〈3〉教会の諸活動について（評価、改善点、ご要望など）
①どのような活動に参加しておられますか。○印をお付けください。（1. 聖書研究・祈祷会　2. 壮年会　3. 婦人会　4. 讃美の会　5. 教会学校　6. 家庭集会　7. 教会懇親会　8. 教会修養会　9. 聖歌隊　10. 教会学校 OB・大学生会　11. 青年・社会人の会）
②ご自分の参加された活動などへのご意見、ご感想などをお聞かせください。
③連絡（電話含む）・訪問などに関するご意見、ご要望などがあればお聞かせください。
④「教会ホームページ」を（見ている、いない）
　改善点やご意見がありましたら、何なりと。
⑤「教会だより」についてのご意見がありましたら、お聞かせください。

設問〈4〉当教会あるいはご自身のこれからの伝道活動について、ご意見など何なりと。
①当教会の伝道の力点をどこに置くべきでしょうか（地域、年代・世代、社会的な関心など）
②伝道のために、どのような活動に力を注ぐと良いでしょうか。
③ご自身で、伝道のために今後どのような活動を心がけられますか。

設問〈5〉その他、教会へのご意見・ご要望など、何なりとお書きください。

設問〈6〉回答者（ご支障のない範囲で）
年代（10 代、20 代、30 代、40 代、50 代、60 代、70 代、80 代、90 代）、
性別（男、女）　教会員、教会員以外、　記入者名（自由）

第１回目のアンケート集計結果

紙数の関係から、設問〈1〉と〈5〉の回答のみを、回答の多い順に上位５項目のみを示します。カッコ内の数字は回答件数です。

設問〈1〉教会の評価

①あなたは当教会が気に入っていますか。（はい／38、いいえ／0、その他／0）
②当教会の良いと思われる点をあげてください。
・アットホーム・温かい雰囲気（13）
・牧師の人柄（礼拝・説教・熱意・温かさ）（9）
・束縛されない自由な雰囲気（8）
・子ども・若い人も多く、年齢に偏りがない（8）
・敷居が低く、入りやすい（6）
③当教会の改善が必要と思われる点をあげてください。
・教会施設関連（メンテナンス・建替え費用積み立て・２階への階段が辛い・駐車場）（4）
・新来者への気配りなどを今以上に（4）
・伝道への意識が低く、お客様気分（3）
・牧会（長欠者の漏れない連絡・個人的な悩みに耳を傾ける）など（3）
・教会学校生徒および父兄を教会につなげる努力（2）

設問〈5〉教会への意見、要望を何なりと。（設問〈2〉～〈4〉は省略）
・教団・教区・支区、にじのいえ信愛荘・東神大など、外部の情報を知らせて欲しい。
・牧師による、東京の無牧の教会の応援を（1回/月など）進める。
・会堂・2F集会室などの平日昼間の利用・貸出の拡大
・教会が引きこもり・不登校・一人暮らし高齢者・被災者などに居場所を提供する場であることを社会にアピールする。
・奉仕活動や諸集会への参加を促進

設問の性質上、15件の回答はバラバラで、同じ意見はありませんでした。ここではその内の５件のみ表示しました。

第２回目のアンケート設問：同様に設問〈1〉と〈5〉のみ表示

第１回アンケートと設問は同じですが、第１回のアンケート結果（数値）を記しました。ご参考にしていただき、今回ご自分も同意見の場合には＜　＞欄に✔マークをご記入ください。

設問〈1〉教会の評価：以下の数字は第１回アンケートの回答数
①あなたは、当教会が気に入っていますか。（はい/38、いいえ/0、その他/0）（はい＜　＞、いいえ＜　＞、その他＜　＞）

②当教会の良いと思われる点をあげてください。

・アットホーム・温かい雰囲気（13）＜　＞
・牧師の人柄（礼拝・説教・熱意・温かさ）（9）＜　＞
・束縛されない自由な雰囲気（8）＜　＞
・子ども・若い人など年齢に偏りがない（8）＜　＞
・敷居が低く、入りやすい（6）＜　＞
　上記以外のご意見

③当教会の改善が必要と思われる点をあげてください。

・教会施設関連（メンテナンス・建替え費用積立て・２階への階段辛い・駐車場）（4）＜　＞
・新来者への気配りを今以上に（4）＜　＞
・伝道の意識が低く、お客様気分（3）＜　＞
・牧会（長欠者の漏れない連絡・個人的な悩みに耳を傾ける）など（3）＜　＞
・教会学校生徒および父兄を教会につなげる努力（2）＜　＞

設問〈5〉その他、教会へのご意見・ご要望など、何なりとお書きください

・教団・教区・支区、にじのいえ信愛荘・東神大など、外部の情報を知らせて欲しい。（1）＜　＞
・牧師による、東京の無牧の教会の応援を（1 回 / 月など）進める。（1）＜　＞
・会堂・2F 集会室などの平日昼間の利用・貸出の拡大（1）＜　＞
・教会が引きこもり・不登校・一人暮らし高齢者・被災者などに居場所を提供する場であることを社会にアピールする。（1）＜　＞
・奉仕活動や諸集会への参加を促進（1）＜　＞
・奉仕が負担になり過ぎない配慮（1）＜　＞
・ボランティアのニーズを明示する（1）＜　＞
・昼のご飯作りを婦人会だけでなくいろいろなグループで（1）＜　＞
・活性化のために、役員に年齢制限を（1）＜　＞
・受付の署名を見直す（日本だけ？）（1）＜　＞
・礼拝後、交わりのためのテーブル設置（1）＜　＞
・母子室の名称を変更する（子育ては母親と決めつけない）（1）＜　＞
・月定献金箱を別に設ける。（1）＜　＞
・献金袋は、夫婦各自のものを用意する（1）＜　＞
・生涯トータルで 1/10 献金を目標とする（困難な時期もあるので）（1）＜　＞
　（上記２回目設問では、１回目のバラバラの全回答 15 件を設問に―筆者注）

第２回目のアンケート集計結果

第１回、第２回アンケートともに質問は同じです。第２回アンケートの集計では、第１回アンケート集計結果も併記し、変化がわかるようにしました。ここでも同様に、設問〈1〉と〈5〉に対する回答のみを示します。

設問〈1〉教会の評価（1・２回目の得票数）

①あなたは、教会が気に入っていますか。

（はい：38/44（1/2 回目それぞれの得票数）、いいえ：0/0、無回答：0/1）

②教会の良いと思われる点をあげてください。

・牧師の人柄（礼拝・説教・熱意・温かさ）(9/39)
・アットホーム・温かい雰囲気（13/33）
・束縛されない自由な雰囲気（8/20）
・駅からも近く、家から通いやすい（5/20）
・子ども・若い人も多く、年齢に偏りがない（8/19）

③教会の改善が必要と思われる点をあげてください。

・教会施設関連（メンテナンス・建替え費用積み立て・２階への階段が辛い・駐車場）(4/18)
・新来者への気配りなどを今以上に（4/14）
・牧会（長欠者の漏れない連絡・個人的な悩みに耳を傾ける）など（3/12）
・教会学校生徒および父兄を教会につなげる努力（2/11）
・伝道への意識が低く、お客様気分（3/10）

設問〈5〉その他、教会へのご意見・ご要望など、何なりとお書きください

（教会での実際の報告は全意見です。ここでは賛同者が５人以下は削除しました）

・奉仕が負担になり過ぎない配慮（1/14）
・教会が、引きこもり・不登校・一人暮らし高齢者・被災者などに居場所を提供する場であることを社会にアピールする（1/12）
・会堂や 2F 集会室などの平日昼間の利用・貸出の拡大（1/8）
・母子室の名称を変更する（子育ては母親と決めつけることはない）(1/6)
・教団 / 教区 / 支区 / にじのいえ信愛荘 / 東神大など、外部の情報を知らせて欲しい（1/6）

（2 回目の回答者は 45 名、回答数は 82、新しい意見は９件でした。この９件は全員の評価は受けていません。厳密には３回目が必要です。）

設問〈6〉回答者

年　代：10代（4/0）、20代（0/0）、30代（5/3）、40代（4/4）、50代（8/12）、60代（6/6）、70代（6/11）、80代（2/3）、90代（1/1）、無記入（3/5）

性別：男（9/12）、女（26/31）、無記入（3/2）

記名：（記名：20/18、無記名：18/27）アンケート回答者数合計（38/45）

(6) 課題探索型デルファイ法実施例の評価

デルファイ法の一般的な優れた点については第２部1.5.（1）（69頁）に示しました。

今回実施した課題探索型デルファイ法の評価です。次の特徴が見られます。

・会員の教会生活が浮き彫りとなりました。今後の教会活動の方向も見えてきます。

・アンケートを繰り返すことで、１回目と２回目以降では、次に記した機能分担が可能です。

　１回目：回答者全員の「課題や問題意識の摘出」

　２回目：摘出された課題や問題意識を「回答者全員が評価」

・幅広い問題意識を共有し、全員で評価することになります。２回目で新しい意見が多く出れば、回答者全員の評価を得るためには３回目のアンケートが必要となります。

1.6. 衆知を集める手法

(1) ブレーン・ストーミング（Brain Storming、以下BSと略称）

BSのコンセプトと歴史、具体的な進め方と実施例を記します。

BSとは、「アイデアは数が多いほど有効なものが含まれる確率が増える」を基本コンセプトに、集団で多数のアイデアを出す会議の進め方です。「〇〇をするには、どうしたら良いか」といった絞り込まれたテーマに適し、1941年、A・F・オスボーンにより考案されました[14)]。早速ですが、「初めての方を教会に誘う方法」のテーマで、筆者個人で実施したBSの実施例を表2–3に示します。グループで進めれば、通常数百のアイデアが出ます。

表2–3　BSによるアイデア：「初めての方に教会に誘う方法」

①新聞広告	⑯カウンセリング	㉛信徒の社会生活
②折り込み広告	⑰説教がわかりやすい	㉜教会の社会活動
③ビラ配布	⑱説教に励まされる	㉝託児
④ホームページ	⑲説教に癒される	㉞障碍者対応
⑤口コミ	⑳教会員が誘う	㉟教会堂・十字架
⑥講演会	㉑教会員がニコニコ	㊱教会案内
⑦音楽会	㉒祈祷会	㊲ミッションスクール
⑧伝道集会	㉓壮年会	㊳修養会
⑨家庭集会	㉔婦人会	㊴牧会カウンセリング
⑩クリスマス礼拝	㉕青年会	㊵人生相談
⑪燭火礼拝	㉖教会学校	㊶聖書研究会
⑫キャロル	㉗教会誌配布	㊷初心者の会
⑬ページェント	㉘駐車場充実	㊸趣味の会
⑭市民講座	㉙祈りの支え	㊹受洗準備会
⑮子育て講座	㉚信徒の人間的魅力	㊺信徒の証

以下具体的なBSの進め方です。BSの実行に当たっては、テーマの目的を明確化し、3〜10人のできる限りタイプの異なる（年齢、性別、経験など）メンバーを選び、進行役と書記を定め、制限時間を決めます。進行役はルールから逸脱しないで、できるだけ多数のアイデアが出るようにガイドします。書記役はカードなどに出されたアイデアを書き止めます。

BSを進めるには四つのルールがあります。

①出たアイデアを批判しない（発想と批判が同時だと、発想が出づらい）。

②自由に発言しブレーキを掛けない。

③質よりアイデアの量・件数を優先する（量の中に質が）。

④類似や関連したアイデアも歓迎です。変更・拡大・縮小・代用・置換・逆転・結合などで、アイデアの幅を広げるように進行役がガイドします。

書記役は出されたアイデアをカードなどに記載、メンバーに見えるようにします。連想により、アイデアが出やすくするためです。

(2) KJ 法（親和図法）[15)]

KJ 法とは創案者の川喜多二郎氏の頭文字から採ったもので、ランダムに出されたアイデアを整理する手法で、親和図法とも呼ばれます。先に記した BS の結果（表 2–3）を KJ 法で整理した結果を図 2–3 に示し

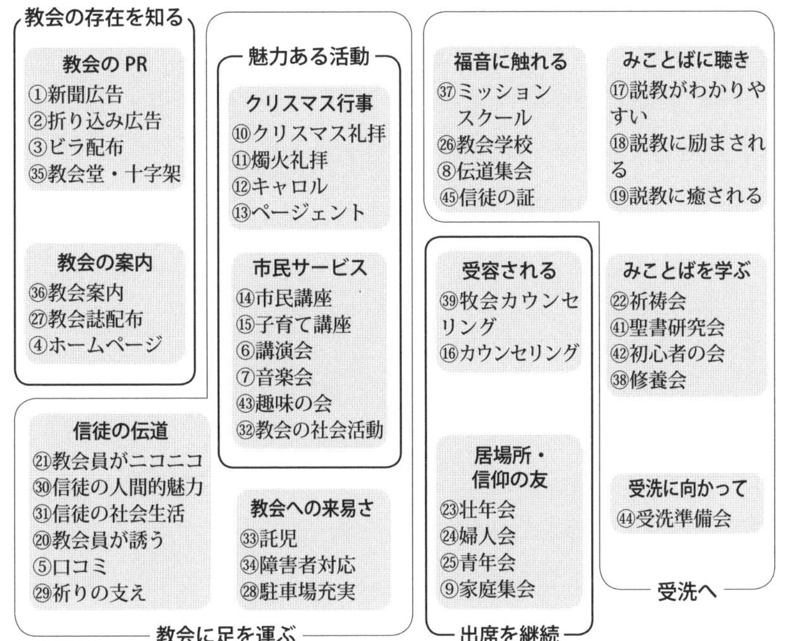

図 2–3　KJ 法による BS アイデアの体系化例

ます。

先の表2–3に示されたアイデアはランダムで、一貫性はありません。この一見脈絡のない事柄を関連付けて、全体の構造を理解しようとします。メンバー構成はBSとほぼ同様です。以下、KJ法の実行の手順です。

①カード（BSのアイデア記入）を机上に広げる。
②類似の内容のカードを集める。
③集まった類似のカードの特徴を示す「表札付け」を行う。
④表札を集め類似の表札の特徴を示すさらに上位の「表札付け」を行う。
⑤上記を繰り返し、最上位の表札と、どこにも入らないカードあるいは表札の合計が10枚前後になったら、親和図にまとめます。

上記の親和図（図2–3）ではBS「初めての方に教会に誘う方法とは」で出されたアイデア（表2–3）が見事に体系化されています。慣れれば極めて有効な手法です。

(3) KT法の「状況把握」

BSやKJ法などで出されたアイデアを評価・選択する手法として、C・ケプナー（K）とB・トリゴー（T）らによって創案されたKT法[16)]と呼ばれる手法が極めて有効です。

KT法の主要5手法のうち、まず状況把握（Situation Appraisal、以下SAと略称）を紹介します。

SAは課題の優先度を判断し、実行計画を策定するには、SAが有効な手法です。出された課題・実施項目を重大性、緊急性、成長性（将来の影響拡大度）の項目で評価します。評価はH（Heigh）・M

(Medium)・L（Low）の３段階区分です（H、M、Lと記入・○、△、×も可)。

早速「信徒の礼拝出席率を上げるには」のアイデアを状況分析で評価してみましょう。この例は筆者がある教会を念頭にアイデアを出した、仮のケースです。

教会にはやりたいことがたくさんありますが、動員できるマンパワーや資金などのリソースには限りがあり、優先順位付けが必須です。表の中で重大性、緊急性、成長性の３項目すべてがH（○）評価の最重要項目に色付けして区分しました。当然人によりグループによりH、M、

表 2–4　KT 法の状況把握例（信徒の礼拝出席率向上策）

テーマ	実施項目	重大性	緊急性	成長性	備考
礼拝出席の習慣化（心備え）	①教団生活綱領の研修実施	○	△	○	
	②「日曜日は礼拝へ」の PR	○	○	○	言い続け、習慣化
	③総員礼拝の日	△	△	○	困難な方を覚える
出席阻害要因対策（仕組み）	④車の送迎	○	△	○	老年者支援
	⑤託児	△	△	○	母親応援
	⑥第２礼拝（夕拝）	△	×	△	働く人支援
出席阻害要因対策（施設）	⑦駐車場の対策検討	○	○	○	出席困難者対応
	⑧バリアフリー化	○	○	○	障害者対応
	⑨車椅子の常備	○	○	×	即実施
	⑩親子室の改装	△	×	×	Needs に応える
IT での支援	⑪礼拝 CD の配送	○	△	○	
	⑫礼拝のビデオ配信	○	○	○	同時礼拝、IT 支援
万人祭司（信徒訓練）	⑬訪問のマニュアル（報告も）	○	○	×	実施
	⑭信徒による証（信徒の訓練）	△	△	○	万人祭司も訓練が
	⑮カウンセリングの講習会	○	△	○	万人祭司も訓練が

Lの判定が異なります。ただそれらの判定が明示され、記録に残ることにより、方針決定のプロセスが透明化されます。一方、これらの評価は定性的であり、定量的な評価も必要になることがあります。

(4) KT 法の「決定分析」

KT 法の決定分析（Decision Analysis、以下 DA と略称）は幾つかの選択肢の中から最適なものを選び出す手法です。分析シートを作成、選定の根拠がシート上に明示されますので、選定プロセスを透明化できます。次の表 2–5 は、身近な新車購入時の車種選定の例を示します。まず候補の車種をあげて、比較検討します。

表 2–5　車を選ぶ分析例

評価項目＼選択肢		国産 A 車		国産 B 車		輸入 C 車	
必須条件		情報	合否	情報	合否	情報	合否
①デザイン良好、好きな色あり			○		○		○
②燃費が○○以上			○		○		○
③衝突防止機能			○		○		○
⑤予算価格内			○		○		○
⑥家内が気に入る			○		×		○
希望条件	重要度 W	充足度 S	W×S	S	W×S	S	W×S
①燃費がより良い	10	10	100			2	20
②加速性能大	5	5	25			10	50
③高齢者向け安全機能	10	5	50			10	100
④短納期	3	10	30			3	9
⑤価格がより安い	7	8	56			2	14
⑥維持費がかからない	8	6	48			4	32
⑦ディーラーのサービス良好	10	8	80			7	70
⑧家内が最も気に入る	10	0	0			10	100
			389				395

シートの横軸は選択肢、国産 A 車、国産 B 車、輸入 C 車を示します。次に、縦軸は、評価項目です。評価項目は必須条件と希望条件に区分します。

必須条件は○×判定とします。必須ですから、１つでも×があれば、候補から除外します。この例では国産Ｂ車は候補から除外されました。

希望条件は、重要度（Weight: W、10 点法）、充足度（Score: S、10 点法）との積 W×S の総和で判断を行います。総和の１点でも多い方が最適案となります。

この例が示すように、何を必須条件とし、希望条件とするか、また希望条件の重みの付け方など、その人や集団の価値観を示すといえます。しかも明示され定量化されるので、その価値観自体を論議することもできます。また表 2–5 のようなシートが残りますので、後の判断や検証にも役立ちます。組織の中では、特定個人の思い込みや圧力に対する防壁ともなり、議論の堂々巡りを避けることができます。

(5) パレートの法則（80/20 の法則）[17)]

パレートの法則は、イタリアの社会・経済学者ヴィルフレド・パレートによって見出された経験則で、パレート図で上位 20%の項目が 80%の影響を持つというものです。その法則が自然現象や社会現象に到るまで当てはまると言われて広がりました。以下のようなものです。

①販売している商品の上位 20%が売り上げあるいは利益の 80%を占める
②プロスポーツ選手の上位 20%が、80%の収入を得る
③全部品の 20%が 80%の故障原因となっている

教会の場合にはいかがでしょうか。

①ある牧師が説教準備時間の 20%で原稿の 80%を完成すると言ったとか、これは真偽の程は確かではありません。
②新旧約聖書 1,982 頁の 20%の 400 頁に、私に必要なメッセージ

の80%が含まれている——と言うのはいかがでしょうか。当然、聖書通読ではこの20%の部分に集中、そこから斜め読み、飛ばし読みOKの考え方も出てきます。通読の回数を稼げるメリットは大きいですが、精読との組み合わせも可能で、工夫の余地が広がります。

1.7. その他の決定にかかわる事柄

(1) 本質的な課題の認識・「なぜなぜ分析」[18)]

課題・問題への対処には、本質を見極め原因の背後に潜む根本原因、あるいは真因を明らかにして手を打つ必要があり、「なぜ」、「なぜ」と問う「なぜなぜ分析」が有効です。「なぜなぜ分析」は通常5回の問いで完結します。原因を追跡して真因にたどり着くことが目的なので、問題が錯綜している場合には、技術面、資金面、マネジメント面など区分して分析することもできますが、最後はマネジメント面に収斂します。なぜなら、技術も資金もマネジメントの課題だからです。この区分は、企業においては、管理面・技術面・人間面と区分する例もありますが、その場合には同様に管理面に集約します。その例を見ます（図2–4)。

ここで大切なのは主語で、この例では、役員会あるいは役員の一員である「私」が主語です。なぜならば、技術も資金も役員の課題だからです。教会運営の責任は選ばれた役員・私にあります。この例では、役員が「ビジョン確立」を自らの課題として反省しています。この手法は自分の反省のためのもので、他の人の責任糾弾のために用いないのが鉄則です。

(2) フロントローディング（Front loading）[19)]

大きな計画を進める場合には、〔企画（コンセプト)→計画（設計)→実行（製作)→結果のフォロー（評価)→修正（対策)〕などのステップ

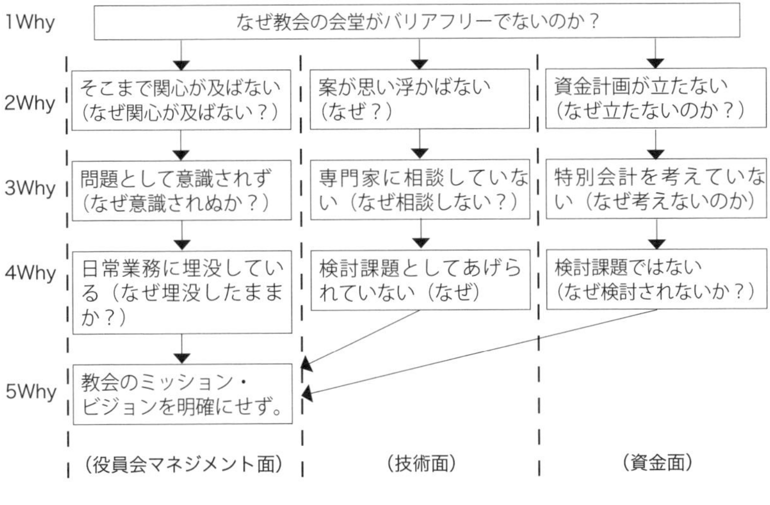

図 2–4 なぜなぜ分析の例

を踏みます。その中で一番影響が大きく、失敗の回復が困難なのは企画（コンセプト）が十分でなかった場合です。したがって、企画の段階に必要とされる最大限のエネルギーを投入します。これをフロントローディングと称します。教会ではコンセプトを具体化し、評価指標を定め、目標を数値化したビジョンを明確にしないままでの方針決定が多いように思われます。ミッション・ビジョン・バリューの確認は、フロントのフロントと考えられます。

1.8. 意志決定の手法を活かすには

以上に述べたデルファイ法以下、意思決定の手法は道具あるいは手段です。それらの道具を活かすには、道具よりも使い手自体が大切です。

(1) はじめに意志ありき

手法以前に何かの目標を達成したいというリーダーの強烈な意志が必要です。そこで初めて手法が活きます。リーダーがリーダーたりうるのは、この意欲、達成欲がメンバーの誰よりも強靭であることです。そうすれば能力の高い、専門性のあるメンバーを集めることもできます。リーダーは「前向き、肯定的」であることが望まれます。「後ろ向き、否定的」なマイナス思考では、アイデアもしぼみます。「歴史を導く主への信頼」がキーワードです。

(2) 手法に慣れる

手法は頭で理解した積りでも、いざ実行に移すとなると困難が伴います。実行はやはり「演習」でケースを積み重ねることが必要です。

手法のコンセプトがわかれば、部分的な応用が可能です。やってみれば簡単なので、特にデルファイ法はお奨めです。また最適案の決定法（表2–5）ですが、必須条件と希望条件があることだけわかって、メモで書き出すだけでも問題の整理が進みます。その考え方を部分適用すれば、それだけでも有効な場合が多くあります。

(3) 時間軸上で進める

ゴールに到るプロセスを描き、ゴールから逆算してスケジュールを決めます。実際には工程表の作成がお奨めです。

さらに実行段階のスピードを上げるには、当然ながら実行するメンバーのモラールが大切です。モラール・アップのコツは、計画段階からの参画を求め、自分たちで決めた案と感じられるような配慮が大切です。現場にはNIH（Not Invented Here＝自分達の案ではないので、積極的には協力しない）なる言葉があり、外から持ち込まれた名案も「押し売り」のように扱われて、実行に移されない場合があります。

(4) 異質の意見、異質の価値観の尊重

異質の意見は歓迎します。参加するメンバーの専門性が高く、異なる分野の異なる経験の人が集まれば、議論のバラエティーは拡大しより良い案に到達する可能性が増加します。

他方、異質の信念や価値観がぶつかれば、それぞれの自分の考えに固執して、譲り合いが困難となり、意見が収斂せず平行線をたどることがあります。信念や価値観が異なれば、「話してもわからない」と覚悟する必要があります。議論で相手を変えさせることは困難で、相違点が明確にできれば良しとするしかないようです。

2. 教会の危機管理

2.1. 教会での危機とは

教会においても、ときには思わぬ危機が発生します。それら可能性のある危機を列挙します。

・牧師の辞任・後継牧師の選任問題：通常、10～20年周期で発生。
・牧師・牧師夫人の健康問題：高齢化と共に起こりやすい。
・交通事故・補償問題：善意での奉仕活動も訴訟に発展する可能性も。
・教会内での人間関係のもつれ：有力会員やときに牧師が去る場合にも。
・不祥事（金銭、男女関係など）：人間の弱さ、チェック機能不備などから。
・教会が維持困難に：人口減少など地域社会の変化、牧師の絶対数不足。
・教会堂の建て替え：収容能力・耐震性・バリアフリー・障害者トイレ・駐車場などの機能的な寿命も考慮。

・自然災害：台風の強大化と河川の氾濫など、地震や火山噴火の切迫。

・新型コロナウイルス：以前の教会運営に戻れない可能性。

2.2. 危機への対応

(1) 危機の想定と事前対応

事前に危機の影響度（リスク）を予測し、[影響度＝発生確率×重大性］と考え数値化します。(表 2–6) は、2、3 の教会を念頭にリスクを試算した例です。各教会で具体的に考えていただければ幸いです。なお、筆者はこれらのうちの 7 項目を実際に経験しています。

リスクに対応するには、平素からの備えが大切です。表 2–6 の各項目も大半は事前検討が可能ですが、出たとこ勝負の教会も多いのではないでしょうか。筆者自身は大反省です。それらは一度にはできないので、優先順位をつけて、ひとつづつクリアーしたいものです。

実際に危機が発生した場合には、さまざまな情報を集中して共有化します。ワーストケースを想定して対処するのが理想です。具体的には、役員・教会員への通信連絡網なども平素から準備し、冠婚葬祭などは対

表 2–6 教会の危機と影響度（今後 20 年前後を想定）

想定される危機	発生確率(A)	重大性(B)	影響度(A×B)
①牧師の辞任・後継牧師の選任難	100	100	10000
②牧師・牧師夫人や家族の健康問題	80	80	6400
③交通事故・補償問題	10	50	500
④教会内人間関係のもつれ	20	50	1000
⑤不祥事（金銭的・男女関係など）	10	50	500
⑥教会が維持困難に（教勢低下・無牧）	50	50	2500
⑦教会堂の建て替え（機能的な寿命）	80	80	6400
⑧自然災害（台風・洪水・地震・火山）	50	100	5000
⑨新型コロナウイルスなどの流行	100	100	10000

（注記） 発生確率パーセント、重大性；100 点法

応の手順などをフローチャート化し、マニュアル化しておきます。マニュアル化すれば動ける人が増えて、牧師への過度の依存を緩和することができます。

次に、いくつかの具体的な対策を思いつくままに列挙します。

・牧師・牧師夫人の人間ドック受診：夫人を忘れず、費用は教会負担が望ましい。
・車での送迎：保険をかけることをルール化します。
・人間関係のスキル向上：カウンセリング・マインドを普及させます。
・過疎化・高齢化地域では、近隣教会間の交流を深め、教会統合や巡回牧師など、知恵を絞る。教区・支区でも調整に当たり、ケースを集めてモデル化します。
・会堂の保全費用とは別に、減価償却費を積み立てる。教会が高齢化して若年層が少ない場合には、現世代が対処することが必須です。会堂の建築寿命でなく、機能的な寿命を考えます。
・地球温暖化と共に、大型台風の来襲頻度が高くなる。それらに耐えられる建物が必要となります。
・従来、健常者中心の礼拝出席を前提とする教会運営がなされる傾向があります。全員が出席できない今、新しいタイプの教会の在り方を探索するチャンスです。一過性としてはならない、教会の新しいチャレンジです。

(2) 一般的な危機管理のノウハウ[20)]

危機に際し、すべての関連情報を１か所に集約します。ホワイトハウスの危機管理室（オーバルルーム、自由な発言を促すためテーブルは楕円状に）がモデルです。そこはC^3ルームとも言われるように、

Communication, Control, Commandなどの危機管理の3C機能が集約されています。

教会の場合には、まず牧師あるいは特定役員に情報を集約します。情報がバラバラで断片的にならないためです。情報伝達ネットを普段から整えておきます。伝達が必要な情報は5W1H（What, Who, When, Where, Why, How）で考えます。特にマイナス情報を欠落させない心がけが大切で、必ず牧師に報告することを習慣化します。スピード重視の場合には、詳細は後にしてまず第1報です。

対策の実行に当たっては、次に示した一般的な危機管理手法を適用します。

①最悪の事態を想定して備えます。
②一打逆転のベストを狙わず、確実な次善の策を心がけます。
③優先順位の高い最重点項目から着手します。
④悲観的に準備し（Prepare for the Worst)、楽観的に実施します。
⑤朝令暮改とならぬようにします。Order, Counter order, Dis-order＝指示、反対指示、混乱、なる警句があります。
⑥危機管理の本質はトップダウン、非常時にはトップに権限を集めます。権限の範囲、権限発動と解除のルールも必要です。
⑦指揮系統を1本化します。
⑧当事者が疲れ切ってしまわない配慮が必要です。(Rest & Recreate)
⑨「主への信頼」と「ユーモア」

(3) 不祥事対応の経験

かつて筆者の所属した教会で、不祥事が発生しました。2〜3人の役員からの報告で、臨時の役員会が開かれ、そこで事実関係を確認し教区長にも相談しました。結局、牧師に退任していただく他はないと結論付け、役員の代表が直接話し合って辞任の同意を取り付けました。

一番苦心をしたのは臨時教会総会での承認で、教会員にとっては晴天のへきれきでした。事実関連を公表できない場合、役員を信頼していただくしかありません。ほぼ全教会員の理解を得ることができ、個人にかかわる秘密は守り抜きました。役員の一人は円形脱毛症になるなど疲労困憊しましたが、体を張らねばならない時でした。

3.　教会内での人間関係

3.1. 教会内で経験する摩擦

教会内で経験される摩擦は、個人的な感情に起因するものと、思想や信条の相違に起因するものとがあります。それぞれについて概観し、対策の方向を考えます。

(1) 思想や信条の違い

①思想や信条の違いによる摩擦

世界をみれば宗教間や宗派間の争いがあり、現在でも戦闘が続いています。教団でも「荒野の 40 年」と言われる教団紛争が起こり、思想・信条の争いは現実の問題です。

②摩擦の背景

それら紛争の背後にあるのは「私は正しい」と信じて違いを認めようとしない考え方 Disagree to disagree（意見の違いがあることすら認めない＝相手の存在を認めない）があり、最も「非寛容」な考え方です。歴史的には、プロテスタント教会は激しい宗教戦争を経験した結果「寛容」の大切さを学び、「信教の自由」を確立したとされます。

ここで寛容の考え方とは、意見の違いを認め、違う相手の存在を認めることです（Agree to disagree)。そのようにして、共存することができます。プロテスタント教会はその信条に従い、多くの教派に分化して共存して来たと理解しています。

③教団紛争のケース

ただ教団紛争の本質は宗教と宗教の信条に関する争いではなく、宗教と思想の争いと捉えられるかも知れません。そのような場合に、教会が聖書に準拠しない思想の優先を認めれば、教会は教会でなくなります。もし信仰告白や教憲教規を認めない個人や個別教会が存在すれば、新しい信条による新しい思想集団（教派？）に分化すべき時ではないでしょうか。

教会は信仰告白共同体です。また教団の教憲には「30余教派が、各々その歴史的特質を尊重しつつ公同教会の交わりに入った」としています。それらと異なる思想、信条のグループをそのままで受け入れることは「寛容」ではなく「無節操」と捉えられます。

(2) 日常で生じる摩擦の例

①教会内での日常的な摩擦

教会内では、思想・信条ではない些細な日常の摩擦も発生します。ときには教会が分裂するような事態もそう珍しいことではありません。卑近な紛争の種はたくさんありますが、その例を示します。

- 礼拝後のお茶の会：「エコ派（カップ・お箸、洗剤不使用)」と「効率派（紙カップ、割り箸、洗剤使用)」が台所で対立。
- 陰口、悪口、告げ口、無視など：「あの人が悪口を」との悪口も。
- 会堂建築など大事業での対立：完成した時、牧師が去ったとか、教会が分裂したという話はときに聞こえてきます。建築規模・予算・レイアウト・細部設計から仕上げ・塗装の色まで衝突するテーマに事欠かず、また背後に主導権争いも見え隠れします。

②日常摩擦の直接的な原因

ここでは思想や信条でなく、普通の人間同士の摩擦とその背後にあるものについて考えます。

・コミュニケーション不足

お互いに相手をよく知らない場合に誤解・曲解を生じます。

・主導権争い

当人たちは「主のため、教会のため」と信じて火花を散らしますが、往々にして「何がより良いか」より「誰が主導権をもってリードするか」が大事な場合があります。

・「べき主義」[21)]

教会では特に「べき主義」にも注意が必要です。「神様のため、平和のため、環境保全のためには「こうすべきです！」と人を支配したがる人がいて、その背後に相手を変えたい思いがあると言われます。それに対して、「そんな風に人を支配すべきではありません！」と言う「反べき主義」も出現します。これも「べき主義」の一種でしょうか。「べき主義」は他人に干渉することになります。聖書には次のアドバイスがあります。

「あなたがたのうちだれも、人殺し、泥棒、悪者、あるいは、他人に干渉する者として、苦しみを受けることがないようにしなさい」(一ペト４：15)

「他人に干渉する者」が「人殺し、泥棒、悪者」と同列に扱われていることに注目しています。

・ヒステリー糾弾

もし誰かとの非難合戦が繰り返すとすれば、それは心理学でいう「ヒステリー糾弾と呼ばれるゲーム」[22] の可能性もあります。その背後にあるのは「あなたはOKでない」を証明したいという衝動と解されます。また「ゲーム」を仕掛けられる側にも、相手側の「そんなあなたはOKでない」を証明したいという挑発の思いが隠れている場合もあります。

日常摩擦の中にも、コミュニケーション不足、主導権争い、べき主義、ヒステリー糾弾など、様々な摩擦原因があり、それらを理解すれば対応の方向も見えてきます。

(3) 摩擦の背後にある人間的側面

人間関係の摩擦原因の背後に、その「真因」とでもいうべき深い原因が隠れていることがあります。

①他者受容は自己受容から

人間関係の摩擦とは相手を受け容れないことで、「自己受容と他者受容は比例する」と言われているように[23]、その背後にはしばしば受け容れられない自分がいます。他者を受け容れて摩擦を解消するには、まず「自己受容」が必要です。

②自己受容は、「自分を知る」ことから

自分を知ることは容易ではありませんが、筆者には交流分析 (Transactional Analysis = TA) のエゴグラム[24] が極めて有効であることを体験しています (後出)。

③自分を知り、その「在りのままの自分を受け容れる」とは

自分を知り、その自分をそのままで受け容れることはさらに困難です。自分の身体的、知的な能力や、気質・性格など、さらに自分に起因する「ああ、人生の大失敗」[25] があります。自分を受け

容れ、自分を好きになることは容易ではありません。

幸いなことにキリスト者は、主がどんな私でも在りのまま無条件で受け容れてくださることを信じることができます。主に良しとされた私を私が受け容れることができれば、他者受容も可能となり、結果として和解へと導かれます。

④主にお委ねする人生

キリスト者は、同じDNAを持った人がいないように、オンリーワンとしてこの世に送り出され、私でなければならない使命を与えられていると信じます。そこで「人と比べる人生」と決別して、本来あるべき自分探しに歩み出します。

主からのメッセージは、「わたしの目にあなたは価高く、貴く……」（イザ43：4）です。せっかく主イエスが「貴方はOK」と言ってくださるのに、「自分も相手もダメ」と拒絶して宜しいのでしょうか。このように、主イエスへの信頼が、「私はOK」、ひいては「あなたはOK」の基盤になると信じています。パウロの言葉です。

「わたしは、自分で自分を裁くことすらしません」（一コリ4：3）

⑤人（私・相手）が変わるのは

カウンセリングでは「人は受け容れられたときに変わる」と言われます。主に受け容れられて「自分はOK」となれば、「あなたはOK」へと変えられます。その結果、対立する両者間の和解が成立します。和解の主が来てくださいます。

⑥カウンセリングの力、牧会の力

カウンセリングではカウンセラーが傾聴を重ねることにより、クライアントは受容を経験し、カタルシス（心の浄化）が与えられます。

「在りのままの存在をそのまま受容することが愛」という愛の定義があり、カウンセラーは小キリストと呼ばれる理由でもあります。教会では最高のカウンセラーであるイエスを体した牧会(魂への配慮)[26] がそれに相当します。またイエスとの直接対話、「祈り」がより身近にあります。

⑦愛の人となるために

摩擦の解消とは相手を受け容れることですが、自分を知り、自分を受け容れることが前提となります。主が私共を無条件で受け容れてくださっていることがその根拠となります。これらは知識ではなく、体に叩き込む訓練、あるいは修行が必要で、カウンセリングがその手段を提供します。「良きサマリア人」や「紳士・淑女」となるにはスポーツ選手と同様に、反復訓練が必要です。次のヤコブの手紙の言葉を心に留めたいものです。

「行いが伴わない信仰は死んだものです」(ヤコ 2：21)

3.2.「あなたは OK」への道

(1) 会堂建築などでの摩擦の構造

南房教会の草創期に体験した会堂建築での摩擦への対応です。当初は相手が悪いと信じていましたが、結果的には「自分が変われば相手も変わる」といわれる公式通りとなり、「悪かったのは、実は私……」と、複雑な心境を味わいました。

会堂建築の基本方針は、デルファイ・アンケートなどで一致しており、その面での摩擦や対立はありませんでした。摩擦や対立の原因としては、上記基本方針をまとめるため、民主的な手法をトップダウン的に推進したこと。デルファイ・アンケート、コンセプト、ニーズなどの用語も摩擦の種になりました。敷地利用や建物レイアウトなどでも意見の対立がありました。献堂式次第の細かい書式、ポスター用教会地図の書き方なども論議を呼びました。

(2) 対立とその背景

建築の基本方針はアンケートや懇談会、教会総会などにより、きちんとした合意が得られていました。にもかかわらず生じた対立の背景を、次のように推測しています。

・お互いの理解が不足したままで、大事業に突入してしまったため。
・超多忙の中で、人に対する配慮があと回しになったため。
・一種の主導権争いとなった可能性も。
・筆者個人の人に対する態度、「あなたはOKでない」が背後に。

筆者自身は十年近くの時間をかけて、自分の態度を「あなたはOK」に転換しました。そこで始めて、対立が解消してお互いに認め合うことができるようになりました。それは自分にとってはコペルニクス的な転換でしたが、それで事態が好転したとなれば、自分の方に非があったと考えられます。――それを自分自身に認めさせるのは容易ではありませんでしたが。

振り返れば、対立した方々のお蔭もあって会堂を無事完成することができました。お互いがなくてはならない存在でした。いまとなっては、身をもって「あなたはOK」を教えてくださったその方々に、お詫びと感謝の気持ちでいっぱいです。

(3)「あなたはOK」への転換

自身を振り返って、「あなたはOK」に転換できたのは、学習でなく訓練でした。筆者は、一時通わせていただいた米沢興譲教会（単立）のトータル・カウンセリングスクール（以下TCSと略称）集中セミナーのセルフイメージや、初級・中級・上級のコースなどで、カウンセリングの基礎を学びました。それらは原理原則を知る上で有効でした。

その頃偶然ですが筆者が館山から木更津に転居したため、TCS主催・東京道場での聴く訓練（ロールプレー）に通うことができるようになりました。週1回の3年コースを5年掛かりで（出席回数を充たすため）終了させていただきました。対立していた相手を想定して、以下のチェックリストを作成し、習慣化を図りました。

・共に「赦された者」、「あなたは価高く、貴い（イザ43：4)」。
・欠点でなく、良い点を数える。
・プラスのストローク（挨拶・笑顔・傾聴・ほめる、など）を送る。
・相手を変えようとせず、わかろうとする。
・基本スタンスは「あなたはOK」。

最後にこのチェックリストは、「You are OK!（あなたはOK)」とワンワード化しました。このワンワードに到るまでに、10年以上の歳月を要しました。まさに風呂の中で浮力の原理を発見したアルキメデスが、ユウレカ！（わかった）と叫んで、裸で街中に駆け出したときの心境です。

(4) デール・カーネギー『人を動かす』[27)]

特にクリスチャンにとって、人間関係をよくするためには物事を一面的でなく複眼的に見る習慣が必要と考えています。デール・カーネギー『人を動かす』は人間関係のバイブルとも言われ、世界中で聖書の次に売れている本とされています。筆者は若いころにもっと真剣に読んでいれば、人生が変わったかも知れないという思いもあります。

(5) 交流分析

「交流分析」とは、人と人との交流について分析する手法です[28)]。その手法は、私自身の例を後に示しますが自分の自我状態を５区分し、設問に答えて得た自我状態のレベルをグラフに打点します。得られたグラフは「エゴグラム」と呼ばれ、そのパターンから性格を読み解きます。自身の経験から、自分や人の性格を知る上で、非常に有効な手法と実感しています。

①五つの自我状態

私達は自分の中に「親、大人、子供の三つの私」を持っているとされ、それを自我状態と言います。その内、親と子供の自我状態はそれぞれ二つに細分し、合計次の五つの自我状態とします。

・やかましい親（Critical Parent = CP）
　自分の価値観を正しいとする。支配的、命令的、批判的で、理想を追うタイプです。

・やさしい親（Nurturing Parent = NP）
　優しい母親のような親、親切・思いやり・寛容等で、保護的ですが、行きすぎると過保護となります。

・理性的な大人（Adult = A）
　感情に支配されず、事実に基づき理性的に対応する成熟した人間像です。

・自由奔放な子ども（Free Child = FC）
　何事にも支配されず、天真爛漫で自由な私です。創造的で、遊び心があり、芸術性や直観力にも優れています。

・顔色をみる子ども（Adapted Child = AC）
　普段は親や先生などに順応してよい子を演じています。人に嫌とは言えず、妥協します。協調力に優れています。

②エゴグラム

交流分析に関する文献には質問票があり、回答すると、上記五つの自我状態に対するレベルが出ます。それをグラフ上に打点したものがエゴグラムです。このエゴグラムのパターンによってその人の性格が想定できます。いままで様々な性格分析を試みましたが、このエゴグラムは的確に自分の性格を言い当てていると感じています。

交流分析におけるエゴグラムの筆者自身への適用例を、本章末の参考資料（106 頁の図 2–5、108 頁の図 2–6）に示しました。まずこれをご覧ください。専門家によらない自己流の分析なので、どこまで正確かはわかりませんが、エゴグラムがどのようなものかをご理解いただけると思います。

③エゴグラムの示す性格

カウンセリングでは、すべてのエゴグラムのパターンをその人の個性ととらえ、OK とします。その個性は主から授かったもので、その個性と共に「人生で、私でなければならない務め」が与えられています。その神への信頼が、自分に対する信頼となります。交流分析は人の性格を正確に捉えますが、全ての性格は個性であり、上下、優劣はありません。

神が私達を作り、「あなたは OK」と言ってくださっている、その確信、信頼が最も大切なキーポイントです。カウンセリングにおいては、このキリスト教的人間観が必須であると、筆者は信じています。

(6) 自分が変わる

南房教会での人間関係克服への努力について記させていただきました。モノを扱う技術屋の筆者は人間関係が苦手で、人間関係に取り組むのは、海抜ゼロメートルから富士山に登るようなものでした。最終的にはカウンセリングの学びと演習・ロールプレイにたどり着きました。

筆者が、どう考えても「相手が悪い」と思っている間は、事態が改善しませんでした。自分が変わったときに、相手も変わったように思えました。そして事態は劇的に改善しました。いまでは親しい信仰の友です。

イエスは「姦淫の女」も、「放蕩息子とその兄」も、「取税人」も、「疑い深いトマス」も、そして貴方も、私も、受け容れ慈しんでくださっています。そのイエスが受け容れた者を拒絶してはならない。「私はOK、あなたはOK」の根拠がそこにあると悟りました。

3.3. 聖書にみる人間関係の摩擦

人間関係で苦労をしてみると、聖書の中に思わず「ニヤリ！」としたくなる箇所に出会います。歴史は生身の人間が担っています。その人間の営みをすべて受け容れ、歴史を導かれる主が見守っておられます。安心してお委ねできます。

(1) イエス・パウロ・初代教会での摩擦

まずイエス様が経験された摩擦です。ファリサイ派などとの対立、群衆の離反、弟子たちの無理解と裏切りなど、激しい摩擦を経験されました。十字架はその象徴ではないでしょうか。

また新約聖書にはパウロとバルナバの意見衝突（使15：39）や、パウロがケファを非難（ガラ２：11）などが、ありのまま記されています。パウロの受けた想像を絶する苦難も記されています。また初代教会では、種々の悩みがあったようです。

> 「しばしば旅をし、川の難、盗賊の難、同胞からの難、異邦人からの難、町での難、荒れ野での難、海上の難、偽の兄弟たちからの難

に遭い、苦労し、骨折って、しばしば眠らずに過ごし、飢え渇き、しばしば食べずにおり、寒さに凍え、裸でいたこともありました。このほかにもまだあるが、その上に、日々わたしに迫るやっかい事、あらゆる教会についての心配事があります。」(二コリ 11：26〜28)

「争い、ねたみ、怒り、党派心、そしり、陰口、高慢、騒動など」(二コリ 12：20)

(2) 摩擦への対応

聖書の世界では、私達が経験するようなすべての摩擦や葛藤が経験され、また対応の方向も示されています。そのいろいろな局面をここに示します。

①人を愛する

何と言っても、基本は「愛」です。これが絶対基準と考えます。しかし、愛することの困難な私には、この主のご命令が何とも恨めしく思われたこともあります。愛することの難しい人を愛するには、一体どうすればよいのでしょうか？

「互いに愛し合いなさい。これがわたしの命令である」(ヨハ 13：34)

「隣人を自分のように愛しなさい」(マタ 22：39)

愛することの困難を乗り越える愛し方のヒントです。

まず、自分を愛することが出発点ではないでしょうか。この世に、自分を粗末にしてモノのように扱う人がいます。そんな人が隣人を愛せるわけがありません。その上で、人が自分を取り戻し、どんな場合でも自分を愛するには、どんな場合でも私を愛してくださる主との交わりが必須です。

②黄金律

他人と合わせるために、自分を失ったり、犠牲にしたりする場合があります。聖書では、あくまでも自分の主体性を失わないように勧めています。

「自分自身の内に塩を持ちなさい。そして、互いに平和に過ごしなさい」（マコ９：50）

聖書には、ゴールデン・ルール（黄金律）があります。

「人にしてもらいたいと思うことを、人にもしなさい」（ルカ６：31）

『論語』[29)]にも同様の主旨が記されています。

「己の欲せざる所は、人に施すことなかれ」（『論語』顔淵第十二２）

③最も洗練された処世訓としての論語

なお本書は『論語』を多く取り上げています。筆者は『論語』とは最高に洗練された処世訓と理解しています。一方、イエスの福音には「すべての人を受け容れる愛」が基本にあります。そこには「放蕩息子の父親の眼差し」があり、その生涯を通しての十字架にいたる愛の実践に裏打ちされています。「神と人」、そこがイエスと孔子の決定的な違いと考えています。

④違いを認め合う（Agree to Disagree）

パウロとバルナバは、お互いが尊敬し合った良い関係でしたが、衝突もありました。

「そこで、意見が激しく衝突し、彼らはついに別行動をとるようになって、バルナバはマルコを連れてキプロス島へ向かって船出したが、一方パウロはシラスを選び、兄弟たちから主の恵みにゆだねられて、出発した」（使13：59〜60）

パウロとバルナバは喧嘩別れしたとも言えるでしょう。しかし結果的にはそれぞれの考える別の道を歩みました。考えの異なることを認め合う、Agree to Disagree（お互いの見解の相違を了承する）の好例ではないでしょうか。

⑤分裂の回避

人と人との関係を険悪にするのが得意な人もいます。

「分裂を引き起こす人には一、二度訓戒し、従わなければ、かかわりを持たないようにしなさい」(テト３：10)

その場合には、「かかわりを持たない」がキーワードのような気がします。しかし、ときには毅然たる対応が必要かもしれません。

「主の僕たる者は争わず、すべての人に柔和に接し、教えることができ、よく忍び、反抗する者を優しく教え導かねばなりません」(一テモ２：24〜25)

いかなる場合でも、このような柔和な人になりたいものです。偉大なリーダーのモーセは極め付きの柔和な人でした(115 頁参照)。そんなモーセに、少しでもあやかりたいと思う人に対して、次の約束があります。

「あなたがたの中で知恵の欠けている人がいれば、だれにでも惜しみなくとがめだてしないでお与えになる神に願いなさい。そうすれば、与えられます」(ヤコ１：５)

このヤコブの言葉・約束は、信じるに値するものではないでしょうか。

〈参考資料〉「エゴグラムの例」

①筆者のエゴグラム（約 30 年前）

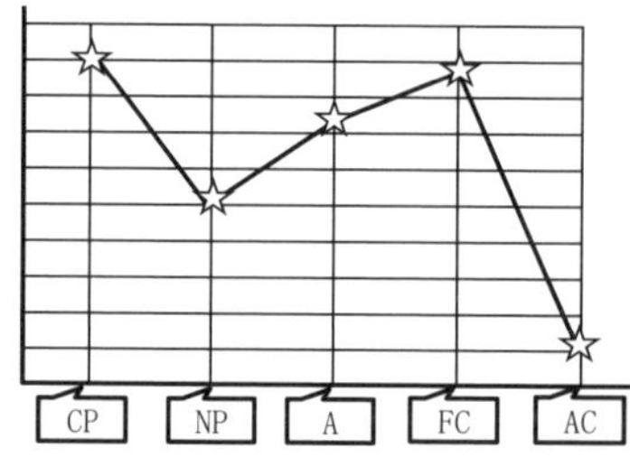

CP ＝やかましい親（Critical Parent）
NP ＝やさしい親（Nurturing Parent）
A ＝理性的な大人（Adult）
FC ＝自由奔放な子ども（Free Child）
AC ＝顔色をみる子ども（Adapted Child）

図 2−5　筆者のエゴグラム（およそ 30 年前）

交流分析におけるエゴグラムの例を示します。エゴグラムとは、人の心を「親・大人・子ども」的なものに区分し（親・子はさらに二分）、質問に対する回答からそれぞれの性向を数値化してグラフに打点します。筆者自身が質問表に回答し、作成したエゴグラムです。

それぞれを結んだ線（この場合には逆Ｎ型）のパターンから、その人の性格が読みとれます。ちなみに、この逆Ｎ型の一般的に言われる特徴を列記します。

・高い CP ＝理想が高く独善的、他者に対する批判が強く、他者否定的。
・高い FC ＝遊び好きの行動派、自発的で創造的、自己肯定的。
・低い AC ＝非協調的、頑迷で融通がきかず、ただし他人に惑わされず個性が強い。
・自信を持っているが排他的（「筆者は OK、あなたは OK でない」)、頑固で独善的。
・完全を要求して口出しをし、人間関係がギクシャク。

上記は当時の筆者をよく表していると思います（知る人ぞ知る)。しかしこれが全面的に悪いパターンかというと、必ずしもそうではありません。このパターンのお蔭で、技術者としての自己啓発に努め（自分にも厳しい)、半導体工場の現場管理と自動化に関連する２点の著作の他、技術士や学位、さらに１級技能士の資格までも取得できました。

②筆者のエゴグラム（約 10 年前）

また経験上このパターンは、10 年単位の長期的には変えられると考えます。「習い性となる」と考えるからです（学問上は不明)。筆者の場合は NP を伸ばす努力をした結果を次に示します。

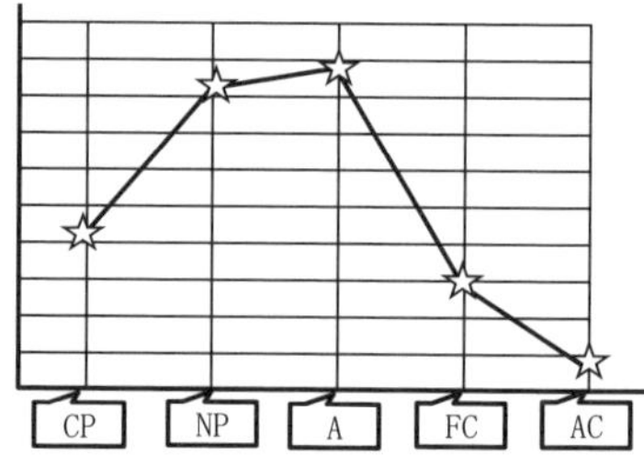

CP ＝やかましい親（Critical Parent）
NP ＝やさしい親（Nurturing Parent）
A ＝理性的な大人（Adult）
FC ＝自由奔放な子ども（Free Child）
AC ＝顔色をみる子ども（Adapted Child）

図 2–6　筆者のエゴグラム（現在）

・高い A ＝論理的、合理的でクール、局外中立的。

・高い NP ＝気がやさしく世話好きで共感的、他者肯定的。

・低い AC ＝非協調的、頑迷で融通がきかず、ただし他人に惑わされず個性が強い。

③エゴグラムの活用

この場合、低い AC は変わってなくて、そこが欠点として顕在化しないよう自覚してのコントロールが大切です。また CP が下がったことにより、自己統御が甘くなり、集中突破力が低下している自覚が必要です。それらを洞察（Insight-seeing）と言います。

交流分析では人の性格をよく理解できるようになります。全ての性格は個性であり、上下、優劣はありません。洞察と自己統御により、その個性のマイナス面が顕在化するのを防ぐことができると考えています。

エゴグラムの活用によって「自分を知り」、「主に在って」、その在りのままの「自分を受け容れる」、それが「You are OK!」への道です。

筆者は若いころ「クリスチャンになることは人格者になること」という大誤解をしていました。クリスチャンにも人格完成（Gentleman、君子、出来た人）へのながい道のりがありますが、「実践や修行」が体系化されていないために、より困難な道であるのかも知れません。

4. 初めての教会役員の方々へ

4.1. 主に選ばれて[30)]

(1) 役員就任式

教会総会の選挙により選ばれた教会役員は、選挙という手段を通して、「主に選ばれたもの」です。無我夢中で忘れがちですが、役員就任式での誓約が原点と思われます。

役員就任式での誓約

問　「あなたがたはいま、恵みによって役員の務に任じられようとしています。あなたがたがこの務に任じられるのは、教会のかしらであり牧者である主イエス・キリストの召命によると確信しますか。あなたがたは、この教会が属する日本基督教団の信仰告白にもとづいて教憲・教規を誠実に守り、教会の一致、純潔、平和、発展のために祈り、このためにつとめることを約束しますか。」

答　「神と会衆との前で謹んで約束します。」

(2) 教会に仕え、隣人に仕える

教会は神と隣人に仕えます。その意味で、役員は神と教会と隣人に仕えます。「人に仕える」と言葉で言うのは簡単ですが、ある神学者はそれを「ウンコを受け取る」と表現しました。母親が赤ちゃんのウンコを恭しく受け取るように、牧師や役員は隣人のウンコをいただきます。

ある牧師は「仕える」とは自分の体力・知力・人間力を総動員することで、主イエスに倣って「三流に生きる」ことが目標と表現しました。ここに、三流に生きるとは、「汗を流し、涙を流し、血を流す（大切な

ものを捧げる―筆者注)」です。「できない！　できない！　自分には無理」と叫んだときに、

「わたしの恵みはあなたに十分である。力は弱さの中でこそ十分に発揮されるのだ」(二コリ 12：9)

と聖句が告げ、むしろ「弱さを誇りなさい」と語りかけます。そんなとき、現実に三流に生き抜いた方こそが「まことの神」であるとの告白へと導かれます。

その方は、今日も、私のウンコを受け取ってくださっています。

(3) 主に信頼し、主にお委ねする

上記 (1)、(2) を示されて、「大丈夫、マカセテ！」と言える方は少ないでしょう。もし言えたとしても、それが「自力、我力」に頼ったものであるとすれば、挫折のリスクもあります。イエスの十字架を前にしたペトロの言動（マタ 26：35）がそれを示しています。

自信の持てない私共も、役員に召命してくださった主がそれを達成する力を与えてくださると信じ、お委ねすることが大切と思われます。次の約束があります。

「はっきり言っておく。あなたがたがわたしの名によって何かを父に願うならば、父はお与えになる。いままでは、あなたがたはわたしの名によっては何も願わなかった。願いなさい。そうすれば与えられ、あなたがたは喜びで満たされる。」(ヨハ 16：23〜24)

4.2. 新役員の出発点

(1) まずは実務を着実に

新たに役員に選ばれても、とくにそのための教育や訓練を受けた訳ではありません。かつての筆者も「無免許運転」に近い状態からスタート

しましたが、その自覚すらもありませんでした。

役員実務の内容については、『教会役員ハンドブック』が全般を網羅してあり、役員必読の書と考えます。参考のために、その目次を示します。

第１章　教会役員の召しと栄光
第２章　教会役員会とは何か
第３章　教会役員会の実際の務め
第４章　教会役員の自覚と心得
第５章　具体的な事項についての役員会の働き

(2) 礼拝を整える[31)]

教会により異なりますが、役員に選ばれると礼拝の司式を担当することになります。教会に「司式者の心得」などがあれば、事前にチェックしておきます。

・聖書朗読や讃美歌：つかえないように、事前に練習。
・司式者の祈祷：事前に文章を書き出しておく。
・礼拝に早目に来る：ギリギリに来て牧師に心配を掛けないように。
・事前の打ち合わせ：報告内容のスリ合わせ。
・司式に当たって：大きな声で堂々と、神の業であり、臆することはありません。

(3) 牧会に参加

牧師が教会員と個人的に触れ合う機会は限られますから、役員はそれを補うことが望まれます。牧会への参加・協力に当たっては、牧師への報告（レポーティング）が必須です。特に問安したような場合には、要領よく報告します。

(4) 良き信徒を目指すこと

「信徒の模範」などといわれると、尻込みしますが、教団の「生活綱領は目標になると思われます。聖餐式の度に「教会の約束」として朗読している教会もありました。

生活綱領

われわれは、神の恵みにより父と子と聖霊との名においてバプテスマをうけ主の体（からだ）なる教会に入れられた者であるから、すべての不義と迷信とをしりぞけ、互いに主にある兄弟姉妹の交わりを厚うし、常に神の栄光のあらわれるように祈り、次のことを相共につとめる。

1.教会の秩序を守り、その教えと訓練とに従い、聖日礼拝・祈禱会その他の集会を重んじ、聖餐にあずかり、伝道に励み、時と財（たから）と力とをささげて教会の維持発展につくすこと。

2. 日々聖書に親しみ、常に祈り、敬虔・純潔・節制・勤労の生活を全うすること。

3. 家庭の礼拝を重んじ、家族の和合を尊び、子女を信仰に導き、一家そろって神につかえること。

4. 互いに人格を重んじ、隣人を愛し、社会の福祉のために労し、キリストの正義と愛とがあまねく世に行われるようにすること。

5. 神の御旨に従って、国家の道義を高め、国際正義の実現をはかり、世界平和の達成を期すること。

願わくは神、われわれを憐み、この志を遂げさせたまわんことを。
アーメン

(5) 日々聖書に親しみ、教会員や牧師のために祈る

役員自身が、日々聖書に親しんで、ぶどうの木の幹から養分をいただ

くことは必須です。また、それを習慣化していないと、ついなおざりになりがちです。

家庭での祈り、密室の祈りも大切です。祈りの範囲は広大ですが、対象のリストを作って、１週間で全体をカバーするなどはいかがでしょうか。

役員としては、教会員全体が聖書と取り組み、祈りを深める教会全体としての取り組みを進めることになります。聖書通読のキャンペーンや、祈りの奉仕活動などです。状況に応じた工夫が望まれます。目標は信徒全員の「信仰生活の充実」です。

(6) 献金・奉献

役員は自らの献金だけでなく、信徒や求道者から「いくら献金すれば良いか」などの質問を受けることもあり、心備えが必要です。

献金の基本は、「心から、感謝をもって」です。自分の持てるものすべても、さらに自分の存在自体も、主なる神から与えられたものとして感謝します。

献金の目標は1/10献金です。もしこの目安が無いとすれば、たとえ2/10〜3/10捧げても、まだ安心できないかもしれません。1/10の根拠は聖書的には創世記４章20節や、マラキ書３章10節と言われますが、教会の伝統でもあります。その母数（収入）は、名目収入から毎月自分の自由になる収入など幅がありますが、律法的に考えず、あくまでも受けた恵みへの応答です。

ここで聖句を示します。

> 「つまり、こういうことです。惜しんでわずかしか種を蒔かない者は、刈り入れもわずかで、惜しまず豊かに蒔く人は、刈り入れも豊かなのです。各自、不承不承ではなく、強制されてでもなく、こう

しようと心に決めたとおりにしなさい。喜んで与える人を神は愛してくださるからです。」(二コリ 9：6〜7)

私達のライフサイクルを考えると、献金の困難な時期もあります。筆者の場合にも、親元を離れた大学生３人を抱えた時期がありました。家内も働きましたが、1/10 献金は困難でした。いまは「生涯トータルで 1/10 献金」を目標にできればと考えています。

筆者が南房伝道所で会堂建築委員長を仰せつかったとき、新にコンサルタントにチャレンジしました。それが自分にとっての「主の山の備え」となりました。この時、思い切った決断をした方々は、それぞれが主からの恵みを賜っていると理解しています。

なお上記とは別に、日本の教会や神学校の現状を思うときに、遺産の一部をそのために献金する習慣ができれば素晴らしいと考えています。日本全体では、高齢者に資産が偏在していると言われます。失われた 20 年を潜り抜けた若い世代には、ユトリが少ないかもしれません。そんな世代につけを残さないようにしたいものです。

4.3. 歴史を導く主への信頼

高校の世界史で、「歴史は必要とする条件と可能とする条件がぶつかり合って動く」と教わりました（出典不明)。キリスト者はその背後に「歴史を導く」神のみ手を見ます。これが筆者のキリスト教史観です。

ルターによる宗教改革の背後に、グーテンベルグの印刷術が大きな役割を果たしたことなどは、その好例と考えています。ルターは印刷術を、神の恵みととらえました。「History is His Story」が恩師、故深田種嗣牧師の口ぐせでした。

2030 年問題が囁かれ、この世の一寸先は闇です。そんな中でキリスト者は、「歴史を導く神のみ手」がいまも私達を導いてくださることを信じます。また自分の個人史の中にもそのことを確認できるとすれば、何という幸せでしょうか！

5. 教会役員のためのリーダー金言集

5.1. 聖書の示すリーダー像

ここでリーダーシップに関し、知る範囲、経験した範囲で役に立つと考えるものだけをピックアップしてみました。何かのご参考になれば幸いです。

(1) 旧約聖書にみるリーダー像

①旧約聖書のリーダーシップ

・分業と組織化（モーセとアロンの役割分担、千人隊長・百人隊長など組織化）（出 18：25〜26）

・ルールの設定と成文化（モーセの十戒、主の言葉をすべて文書化）（出 24：4）

・率先垂範（ダビデ：彼らの先頭に立って困難な任務を）（サム上 18：16）

・統率力（ダビデ：人々の心を動かして一人の人の心のように）（サム下 19：15）

・過ちへの対処（ダビデ：ナタンに諫められ、自分の罪を認めた）（サム下 12：13）

・雄々しさ（ヨシュア：強く、雄々しくあれ）（ヨシ 10：25）

②モーセ

リーダーの人格について、驚くべき表現があります。

「モーセという人はこの地上のだれにもまさって謙遜であった。」(民 12：3)

「謙遜」は新共同訳です。文語訳では「温柔」、口語訳では「柔和」、RSV では「Meek」と訳され、筆者には柔和がふさわしいと感じています。RSV の全文を示します。“Now the man Moses was very meek, more than all men that were on the face of the earth.”

いずれにせよ、出エジプトという大事業を成し遂げたモーセはまた、桁違いに偉大な人物であったと思われます。

③ダビデ

次は、ダビデの示した神を畏れる、爽やかなリーダー像です。

「神に従って人を治める者、神を畏れて治める者は、太陽の輝き出る朝の光、雲もない朝の光、雨の後、地から若草を萌え出させる陽の光」(サム下 23：3〜4)

（2）イエスの示されたリーダー像

リーダーとは集団に仕える者です。

「しかし、あなたがたの間では、そうであってはならない。あなたがたの中で偉くなりたい者は、皆に仕える者になり、いちばん上になりたい者は、皆の僕になりなさい」(マタ 20：26 〜 27)

「すべて多く与えられた者は、多く求められ、多く任された者は、更に多く要求される」(ルカ 12：48)

これらは「知的に理解する言葉」ではなく、「実践の目標」ではないでしょうか。イエスが弟子たちの、さらに私達の足を、今日も洗い続けて下さっています。

(3) 使徒の示したリーダー像

使徒パウロの示したリーダー像です。自分自身とも闘ったパウロの反省が込められているかも知れません。

「強い者は、強くない者の弱さを担い」(ロマ 15：1)

「弱い人に対しては、弱い人のようになり」(一コリ 9：23)

「支配者でなく協力者」(二コリ 1：24)

「苦難に耐えて（盗賊の難、同胞からの難)」(二コリ 11：23〜29)

「ときには立ち上がる勇気（パウロがペトロに反対)」(ガラ 2：11)

5.2. 東洋の叡智・中国古典の示すリーダー像

(1) リーダーの心構え

①韓非子からです。これぞリーダーシップの根幹ではないでしょうか。

「下君は己の能を尽くし、
中君は人の力を尽くし、
上君は人の智を尽くす」[32]

鉄鋼王といわれたカーネギーの墓碑銘には「己より賢明な人物を身辺に集むる法を心得し者ここに眠る」[33] とあるようです。

②太平天国の乱を鎮圧した中国清代末期の軍人、政治家、曽国藩（そうこくはん）の座右の銘です。

「冷に耐え、苦に耐え、煩（はん）に耐え、閑に耐え、
激せず、躁（さわ）がず、競わず、随（したが）わず、以て大事を成すべし」[34]

この言葉は「四耐四不訣（したいしふけつ）」といわれ、リーダーが大事を達成するための心得とされています。

③老子の言葉です。

「大国を治むるは、小鮮を烹（に）るが如し」[35]

大きな組織のトップには、より慎重な舵取りが求められます。鍋で小魚を煮るときには、やたらかき回すとグチャグチャになってしまいま

す。これを「朝令暮改（朝出した方針は暮れには変更）」とも言います。欧米では“Order, counter order, disorder（指示・変更・混乱）”と言っています。

④勝海舟の遺訓です。

「事、いまだ成らず、小心翼翼（よくよく）。

事、まさに成らんとす、大胆不敵。

事、すでに成る、油断大敵」[36)]

⑤『論語』からまた一つ、

「民はこれに由（よ）らしむべし、知らしむべからず」（『論語』泰伯第八9）

「べし」は可能の意味です。この言葉の本意は「民は理解させることはできなくとも、安心して頼っていられる状況にはできる」との為政者に対する勧告です。これを封建思想とするのは無知による誤解です。教会役員もこれ位の覚悟で臨みたいものです。

（2）企画・計画の段階では

①范仲淹（はんちゅうえん）は北宋の政治家・文人で『岳陽楼記』の言葉です。

「士は天下の憂いに先立ちて憂い、天下の楽しみに後れて楽しむべし」[37)]

「先憂後楽」と言います。後に為政者の心構えとなりました。後楽園球場の後楽もここから来ています。

②モンゴル帝国の重臣であった耶律楚材（やりつそざい）の次の言葉は、経営・管理の現場ではよく参照されます。

「一利を興（おこ）すは、一害を除くに如（し）かず

一事を生ずるは、一事を減ずるに如かず」[38)]

物事がうまく行かない場合、一打逆転を狙って新しいことを始めるよりも、目前の阻害要因の解消に取り組んだ方が良いとの極めて現実的な

助言です。苦労がにじみ出ているように感じます。

③再び『論語』から、

「故(ふる)きを温(たず)ねて、新しきを知る」(『論語』為政第二 11)

これは歴史の中に、現在の指針を見出し得ることを示しています。旧約聖書には、

「太陽の下、新しいものは何ひとつない。Nothing new under the sun.」(コヘ１：９)

とあります。この言葉は教会の歴史についても当てはまります。私共は教会史から学ぶ点において、無頓着過ぎるのではないでしょうか？「歴史的な視点＝Historical perspective」を持ちたいものです。

④次は『孫子の兵法』からです。

「勝兵はまず勝ちて、しかる後に戦いを求め、
　敗兵はまず戦いて、後に勝ちを求む。」[39)]

試合に臨んでから何とかなればと考えるスポーツ選手は、多分敗者です。勝者はフィジカルやメンタルのトレーニングを積んで、必勝の体制で臨みます。戦う前に、すでに勝っています。これを「先勝後戦」と言います。筆者は実行できませんでしたが、これは受験生にもピッタリのようです。「毎日が試験」と言われるサラリーマンでは、さらに教会ではいかがでしょうか。

(3) 実行に当たって

①これまた『論語』からです。

「速(すみ)やかならんことを欲するなかれ。小利を見ることなかれ。速やかならんと欲すれば則(すなわ)ち達せず。小利を見れば則ち大事ならず」(子路第十三 17)

これは拙速主義の戒めでしょう。安岡正篤氏による東洋の思考三原則にあるように、「長期的、多面的、根本的」に、じっくりと考えること

も必要のようです。

②さらに『論語』からです。

「過(あやま)ちて改めざる、これを過ちと言う」(『論語』衛霊公第十五 30)

人はミスを犯します。間違いに気付いた時、直ちにこれを改めるのは、平凡なことですが、実に難しいですね。ここでダビデ王を思い出さないでしょうか。

③次も『論語』です。

「君子の過ちや、日月の食のごとし。過つや人皆これを見る。更(あらた)むるや、人皆これを仰ぐ」(子張第十九 21)

(4) 学びのすすめ

①『論語』からです。良い言葉が多く、知らなければ損失と思われないでしょうか。

「知らざるを知らざるとなす。これ知れるなり」(為政第二 17)

「無知の知」とも言います。哲学の祖と仰がれるソクラテスの原点でもあります。知らないことを知らないと自覚することの大切さを示しています。知らないのに知っていると思い込めば、進歩の芽を摘んでしまいます。

②またまた『論語』です。

「生まれながらにしてこれを知る者は、上なり。
学びてこれを知る者は、次なり。
困(くる)しみてこれを学ぶは、またその次なり。
困しみて学ばざるは、民これを下となす」(『論語』季氏第十六 9)

人を生知、学知、困知、下愚に区分しています。できれば「またその次＝困知」レベルにはなりたいものです。

③終わりに芸能人の言葉を記します。少し古いですが、味がありますね。

「今日の自分に明日は勝つ」　美空ひばり

「笑わせる腕になるまで泣く修行」　先代・林家三平

5.3. 経営管理からみたリーダー像

世の中にリーダー論は数多くあります。ここに記すのは、それらのリーダー論に影響を受けながら、筆者の内に体験的に形成された、リーダーについての考え方[40]を記します。

(1) リーダーとマネジャー

東洋の思想と全く違った発想ですが、リーダーとマネジャーを区分することが大切と思われます。世間的には、特に日本では、マネジャーに比べてリーダーは圧倒的に少ないと言われます。もちろん教会にも双方が必要です。

①リーダーとは

適切な方針を立案して、為すべきこと、為さねばならないことを為す人（Do right things.）です。グループの向かう方向を決めます。先見力とビジョン、判断力などが求められます。Effectiveness＝効果的がその評価尺度と考えられます。一般にリーダーは少なく、そのリーダーシップを認める人は、さらに少ないと思われます。ときに孤高で貴重な存在です。

②マネジャーとは

決められた方針に従い、物事を滞りなく行う人（Do the things right.）です。与えられた課題を達成します。コミュニケーションと実行力が求められます。Efficiency＝効率的（アウトプット÷インプットが最大）が評価尺度と思われます。「平凡なことを非凡に実行せよ」といわれるように、決まったことを着実に、きちんと行うことの重要性は不変です。

(2) 平時と非常時のリーダーのスタイル

①平時と非常時

平時と非常時とでは、求められるリーダーのスタイルは変える必要があります。平時では民主的なスタイルが望ましいとされますが、非常時にはトップダウンが必要とされます[41)]。

三国志では「乱世の英雄、治世の姦賊（かんぞく＝凶漢）」とも言われます。乱世では素晴らしい英雄の働きをした人が、平時になってそのスタイルを変えなければ、凶漢とされてしまいます。

平時に求められる民主的なスタイルとは、平等主義、促進主義、グループ中心、人間中心、寛容、開放的、緩やかな監督、やさしさ、等です。

非常時には、即断即決が必要で、会議に掛けてなどやっていたのでは、間に合わない場合もあります。一般的に専制的なスタイルとは、独裁主義、専断主義、指導者中心、成果中心、厳格、高圧的、厳しい監督、がんこ、等です。

この非常時の専制的なスタイルのリーダーが、平時に復帰した場合にも居座ると問題を生じます。非常時を定義し、リーダーへの権限集中をルール化します。平時復帰のルールも予め平時に決めておきます。独走や暴走を防ぐためのルールです。それがないと、「超法規的処置」が延々とまかり通ります。

②農耕的社会のリーダー

なお、遊牧社会ではリーダーが必須ですが、日本のような農耕的社会に在っては世話役が求められ、リーダーは通常歓迎されません。そのような農耕社会におけるリーダーは意見を幅広く求め、集団の決定を尊重します。しかしその決定は、リーダーの当初の意図と合致するように指導します。

「本質トップダウン、形態としてボトムアップ」（職場の先輩から）

これが日本におけるリーダーシップの極意です。日本のリーダーには、正しい方向決めをするだけでなく、それを集団に決めさせるスキルが必要と考えられます。教会も人の集まり、同様の面があるものと思われます。

先に記したデルファイ法は、そのための有力な手段となりえます。

(3) リーダーの目標設定

①必達の目標

目標の設定に当たっては、まず現実的で手の届く目標を設定します。最初から「とても無理」と諦めさせないためです。もし大きな目標があれば区分して中間目標をセットします。メンバーのモラールは目標達成の連続が必須です。「負け犬に根性無し」とならないように、「勝ちくせを付ける」のがリーダーの役割です。目標達成が困難視される場合にはレベルを下げた「歯止めの目標」を設定し、そこは万難を排して達成します。対内的には達成ですが、対外的に当初目標の未達成はリーダーがその責任を負います。

②戦略とは

同様の見方から、目標の背後にある目的、何のためにかを周知して、ヤル気を鼓舞します。また実業界からは「戦略」の重要性が指摘されます[42)]。戦略という言葉は、教会では違和感を持つ方がおられるかも知れません。しかし教会の極めて限られた経営資源（Resource＝人、モノ、資金、さらに時間、など）を間違った方向に投入しても、宣教の成果は上がらないでしょう。いまの困難な時期であるからこそ、教会の伝道戦略が必要と考えています。

ここで戦略とは、

「戦略とは、経営資源を傾斜（重点）投入すること」（職場の先輩か

ら）

です。

(4) リーダーのフォロー

①PDCA

管理サイクルまたはPDCAという言葉をお聞きになったことがあるでしょうか。PDCAとは、Plan（計画）、Do（実行）、Check（チェック）、Action（行動）を示します。

まず計画し、実行し、その結果をチェックして、計画通りに行っていない場合には、リカバリーの対策の行動を取ります。この対策行動を計画・実行して、さらにチェックから再度の行動に移ります。いわゆるPDCAを繰り返すことを管理サイクルと呼んでいます。

②三現主義

三現主義とは、「現場・現物・現実」という「三つの現」を重視する考えです。机上の空論でなく、現場に行って、現物をみて、現実的に対応するものです。問題が生じたときには、何が起こったか、Fact Findingが重要です。その具体的な進め方として、三現主義（現場・現物・現実的に）が重視されていて、軽快なフットワークが求められます。

(5) リーダーの払底

なお、世の中にマネジャーはいても、リーダーはなかなかいないものです。米国、日本、韓国などにふさわしいリーダーは存在するのか？　この会社にふさわしい社長は、役員は？　と考えると、上に行くほど人が少ないと言えないでしょうか。米沢藩の名君・上杉鷹山公は次のように言っています。

「人多き人の中にも人はなし　人になれ人　人になせ人」[43)]

いまの世の中、競争社会と言われますが、実は上に行くほど人がいないことは経験済みです。自分を磨けば、必ず浮き上がります。競争する相手、ライバルは自分です。

美空ひばりの言うように、「今日の自分に明日は勝つ」ことが必要で、「自己啓発」がキーワードです。主によって志を与えられた、教会のリーダーが輩出することを祈り求めます。

(6) リーダーの自信

終わりに、蛇足ですが、筆者の経験を一つ記させていただきます。

筆者が定年後におそるおそるコンサルタントの仕事を始めた頃の話です。あるコンサルティング・グループに属させていただきましたが、駆け出しでは自信を持つことは困難でした。そんなとき、一人の同僚が「自信が持てない」とグループを去ってゆきました。その時、コンサルティング業界では名の知れた社長が頭から湯気を立てて怒りました。「バッカー！　自信の持てるコンサルタントなんて、いると思うのか！」

その一言に、駆け出しコンサルタントは肩の荷が軽くなる思いがしました。「あの人でさえ、そうなのか。」という訳です。そこで「自信のないことに自信を持つこと」ができました。この内容は、コンサルタント以外にも幅広く適用できるのではないでしょうか。

その後筆者は、それぞれの部署にソウル大卒のゴロゴロいる（失礼！）Ｓ電子やＳ電気など海外の仕事にも挑戦、その国の国情にも触れ、理解を深めることができました。

注・参考文献

1) 教会と役員に関する基本的で平易な入門書です。

・桑田秀延『教会論入門―信徒のために』(東神大パンフレット 8) 東京神学大学出版委員会、1997 年。65 頁の小冊子ですが、教会とは、教会の使命とはなどの基本から、教会と社会、教会と国家など、この世界における教会の在り方についての基本を示し、現在のいわゆる教会派や社会派の思想的な背景も平易に解説しています。歴史的な展望には貴重です。

・竹森満佐一『教会と長老』(東神大パンフレット 24) 東京神学大学出版委員会、1990 年。教会とは何かを論じた後、教会を運営する制度として監督制、会衆制および長老制を比較し、その利害得失を記しています。

2) 日本基督教団編『教憲教規および諸規則』日本キリスト教団出版局、1969 年 (1946 年制定)。日本基督教団公式サイトでも閲覧可能。

3) 南房教会編『日本基督教団南房教会規則』南房教会、2007 年制定。

4) 同上。

5) 同上。

6) ジム・コリンズ『ビジョナリー・カンパニー――時代を超える生存の原則』山岡洋一訳、日経 BP 社、1995 年。

7) 加藤常昭『教会とは何か』(東神大パンフレット 2) 東京神学大学出版委員会、2009 年、26–36 頁。「教会は伝統によって生きる」とし、伝統は歴史の中で生まれ (自分の歴史をつくり)、受け継がれ、また引き継がれるべきもので、聖書がその根幹にあるとしています。

8) 同上。

9) 木村文太郎・松田正三『バプテストの信仰と歴史』ヨルダン社、1970 年、81–90 頁。

10) 楠本史郎『教会役員ハンドブック』日本キリスト教団出版局、2007 年、38–44 頁。教会役員の実務に関する詳細な記述があり、役員必携の書です。

11) デルファイ法については、日本語の本は少なく、発祥地であるアメリカの文献も翻訳されたものはなかなか見当たりません。そのような限られた文献を以下に紹介します。

・斎藤嘉博『デルファイ予測おもしろ読本――これからの幹部に最も必要な法則』第一企画出版、1985 年。

・只野文哉「デルファイ法――その概要と社会への適用」『技術と経済』4 巻 9 号、1970 年、18–33 頁 (デルファイ法が未来予測に用いられた初期のもので、手法や予測に関する基本的な考察もなされています。古い文献ですが、国会図書館のデジタル化資料に収録されていて、それらを閲覧できる地方の図書館からは国会図書館のHPから検索可能です)。

・Curtis E. Sahakian, The Delphi Method, The Corporate Partnering Institute, 1997 (企業の宣伝用に作られたものですが、デルファイ法の全体を展望するには一番短くて要領よくまとまっているようです).

・Harold A. Linstone, Murray Turoff (eds.), The Delphi Method : Techniques and Applications, Addison-Wesley Publishing, 1975 (デルファイ法のコンセプト、一般的な応用とその評価、クロスインパクト法や特殊な手法、コンピューターとデルファイ法の新しい展望など、全般を網羅するもので、関連文献も詳しく紹介するなど、内容的に整っています。全620頁).

12) 日本基督教団高崎教会編『高崎教会120年史』日本基督教団高崎教会、2004年、111–120頁。筆者のデルファイ法の適用は、高崎教会が初めてでした。まだ不慣れでしたが、教会の危機に際しアンケートを繰り返し、その中で高崎教会の存在や使命を見つめ直し、牧師招聘や教会の移転と会堂建築など、合意の形成ができました。全員が参画し、合意し、同じ方向に向かうことができました。以下、詳細です。

1980年の高崎教会は1984年の100周年記念事業の計画がスタートしたばかり、教会総会も無事に終わった直後の5月早々に、牧師の辞任に当面することになりました。役員にとっても晴天の霹靂(へきれき)で、急いで臨時総会を開いて辞任を承認しました。このときの役員会の課題は、

①教会員の動揺を抑え、前に向かわせること。

②突然の無牧に対して、説教者を捜すこと(役員も講壇に)。

③次期牧師の招聘活動をすすめること。

④教会移転計画を立案、推進すること。

⑤100周年記念事業を計画すること。

このような中で、6〜8月に、2回のデルファイ・アンケートを実施、教会の向かうべき方向を模索しました。主要なアンケートの項目は、

①高崎教会は宣教の使命を果たしているか。

②教会の足りない点(3点列挙)。

③教会の良い点(3点列挙)。

④高崎教会の性格(都市教会・農村教会・地域教会・教派性教会など)。

⑤教会の当面している最重点課題。

⑥期待される牧師像。

このアンケートにより、教会の現在の姿、向かうべき方向、新しい牧師に対す

る期待等も明確になり、それらが牧師の推薦依頼書に結実しました。また都市計画に対応した教会の移転に関しても、都市教会の方向が明確になりました。何よりも、いままで牧師任せの多かった教会員が自ら顧み、考え、前を向くきっかけとなりました。

会堂移転と建築には、合計５回のアンケートを実施しました。また「都市教会とは」についての会員の考えを問うた結果です。

①若い人を育てることのできる教会。
②交通の便が良い。
③新しく教会に来る人が多い。
④教会員の居住範囲が広い。
⑤教会員の職業の幅が広く、いろいろな人がいる。
⑥教区や地区の集会に開放されている。
⑦伝道に積極的、開放的。

などが主な意見でした。この結果、市の都市再開発事業に協力、新幹線駅前への移転を決定しました。会堂建築の具体的な仕様については、次のアンケートを行いました。

①取り組み姿勢などの注意点。
②礼拝堂（収容人員、オルガン、音響効果、聖歌隊席、天井の高さ）。
③諸集会室（CS 分級室、ホール、幼児室・託児室、キッチン、牧師室、応接室、宿泊室、祈祷室、物置、トイレ）。
④建物構造（２階・平屋、土足・上履き、近代的・古典的、身障者への配慮、駐車場・台数、地下利用）。
⑤設備（冷暖房・什器・備品、外構）。
⑥牧師館。

以上により「会堂建築基本方針」がまとめられ、建築の基本仕様を決定することができました。なお、この基本方針は南房教会の参考ともなりました。

高崎教会会堂建築基本方針（要点）

①「歴史を導く神のみ手」を信じ、後世の批判に耐えるべく「歴史的な視点」に立つ。
②教会の基本である「礼拝」を第一とする。
③都市教会に相応しい教会建築（100 人礼拝）を目指す。最大 200 人の収容が目標（クリスマス、講演会、教区などの集会など対応）。
④最大限の駐車場確保。
⑤老人、障害者への配慮（障害者用トイレ、エレベータなど）。

計画の良かった点は、収容人員を計画内での最大限としたことで、その後100人礼拝は実現しています。また音楽を重視する教会として、2階礼拝室は吹き抜けの高い天井としギャラリーにパイプオルガンの設置場所を当初から設けましたが、後に有志の寄贈で実現しました。障害者用のトイレ、エレベータも有効でした。大きな失敗は別棟の牧師館を2〜3階とし、1階を駐車スペースとして活用することを企図しましたが、理解を得るに到りませんでした。これはより丁寧な説明、説得が必要であったと反省するところです。

13) 同上。

14) A・オスボーン『創造力を活かす――アイデアを得る38の方法』豊田晃訳、創元社、2008年、268–277頁には、「アイデアはダイヤモンド」として、アイデアを出すための38の方法が示されています。ブレーン・ストーミングの原点とその手法が記されています。

15) KJ法は創案者の文化人類学者・川喜田二郎（1920〜2009）がフィールドワークで得られた断片的な情報を整理するために発案、自身のイニシャルを取って命名されました。分析（Analysis）でなく統合（Synthesis）の手法であり、創造性に貢献します。

・川喜田二郎『知の探検学』講談社現代新書、1977年、17–22頁。

・川喜田二郎『発想法』中公新書、1967年。

・川喜田二郎『続発想法』中公新書、1970年。

16) ケプナーとトリゴーにより発案された分析手法で、当初はSA（Situation Appraisal／状況把握）、PA（Problem Analysis／問題分析）、PPA（Potential Problem Analysis 潜在的問題分析）、DA（Decision Analysis／決定分析）の4種類の手法が実用化され、後にPOA（Potenntial Opportunity Analysis）が追加されました。今回はその内で、最も利用確率が高いと想定されるSAとDAを紹介しました。参考文献を以下に記します。

・ケプナー・トリゴー・グループ日本支社セミナー資料『KT実践マニュアル』、1973年。

・C・H・ケプナー、B・B・トリゴー『管理者の判断力――問題分析と意思決定のための新しいアプローチ』上野一郎訳、産業能率短期大学出版部、1979年。

・クイン・スピッツア、ロン・エバンス『問題解決と意志決定――ケプナー・トリゴーの思考技術』小林薫訳、ダイヤモンド社、1998年。

・高多清在『問題解決と意思決定の世界標準KT法』実業之日本社、1999年。1973年から現在に到るまで、ケプナー・トリゴー・ジャパン社はセミナーを

開催して KT 法の普及に努めています。http://www.kepner-tregoe.co.jp/

17) リチャード・コッチ『人生を変える 80 対 20 の法則』仁平和夫訳、TBS ブリタニカ、1998 年。

18) 大野耐一『トヨタ生産方式――脱規模の経営をめざして』ダイヤモンド社、1978 年、33–35 頁。

19) F. Gluck and R. Foster, Managing Technological Change: A Box of Cigars for Brad, *Harvard Business Review*, 1975, September–Octorber.
製造企業の業務は事業計画→構想→設計→製作→試験評価→量産化と進みます。そのステップが進むにつれて変更は困難となり、コストもかさみます。論文の著者は、現実にはトップが本来最も効率の良い前半でなく後半に時間を用いることが多い傾向にあることを発見しました。その対策がフロントローディング（初期に力を入れる）の考え方で、事業計画や構想（コンセプト）段階でのトップ以下の参画すべきメンバーをルール化し、その決済が無ければ前に進めない規定を設けるようになりました。現実にこの考え方は PLM（Product Lifecycle Management）と呼ばれる手法として体系化されています。

20) 危機管理と言えばこの人です。次の書が参考になるでしょう。
・佐々淳行『危機管理のノウハウ 1～3』PHP 研究所、1980～1981 年。

21)「べき主義」は「律法主義」とも考えることができます。「こうすべき」という条件を充たせば受け容れられ、満たさなければ排除されます。それは条件付きの受容で、無条件の受容・愛とは全くの別物です。
・杉田峰康『ワンダフル・カウンセラー・イエス』一麦出版社、2005 年、117–123 頁。

22) 杉田峰康『あなたが演じるゲームと脚本――交流分析で探る心のうら・おもて』チーム医療、2004 年、68–71 頁。

23) 自分の欠点が受け容れられない場合には、同様の欠点を持つ他者を受け容れることが困難となります。いやな自分の姿を突き付けられるからで、直感的にも理解できるのではないでしょうか。心理学では「自己受容と他者受容は比例する」と言われているようです。
・田中信生『カウンセラーは小キリスト』(恵みの雨新書)、新生出版社、1994 年、80 頁。

24) 交流分析には多くの文献があります。ここでは２冊だけを紹介します。
・杉田峰康『交流分析のすすめ――人間関係に悩むあなたへ』日本文化科学社、1990 年。
・ジョン・M・デュセイ『エゴグラム――ひと目でわかる性格の自己診断』新里里春訳、創元社、1991 年。

25) 私達には、恥ずかしくて人には絶対に言えない「人生の大失敗」があるようです。時々ふと頭に浮かんできて、「ワ〜」と声を上げたり（遠藤周作)、「マイッタ」と柔道で絞め技や関節技を食らったときの声を上げたり（筆者）します。まさにその題名の本に出会ったこともあります。

・遠藤周作編『ああ、人生の大失敗！　思い出しても汗をかく』講談社、1983年。

26) 牧会（Pastoral Care）は魂への配慮とされ、牧師だけでなく信徒も、特に役員もその一端を担うことが期待されます。カウンセリング技法が用いられ、文献としては次のものがあります。

・三永恭平『こころを聴く――牧会カウンセリング読本』日本キリスト教団出版局、1990年、192–215頁。

・有馬式夫『牧会カウンセリング入門』新教出版社、1996年。

・キリスト教カウンセリングセンター編『よい相談相手になるために――クリスチャン・カウンセラー入門』キリスト新聞社、2010年。

27) 筆者はかつて、クリスチャンになれば人格高潔になれると誤解していました。「人格の完成」を生涯目標として、まずは人間理解が大切ですが、その出発点がデール・カーネギーと考えています。聖書に次ぐ世界的なベストセラーというのもうなずけます。

・デール・カーネギー『人を動かす』山口博訳、創元社、2000年。

・フィリップ・メイソン『英国の紳士』金谷展雄訳、晶文社、1991年。

・板坂元『紳士の作法』PHP研究所、1995年。

・トレバー・レゲット『紳士道と武士道――日英比較文化論』大蔵雄之助訳、サイマル出版会、1983年。

28) 注25）参照。

29) 孔子（紀元前552〜479年）は中国春秋時代の思想家・哲学者で儒家の始祖であり、その死後弟子たちにより編まれた『論語』は二十巻があります。各巻にはそれぞれ最初の段落から採った名前が付けられています。各巻には段落（パラグラフ）があり、それぞれに1、2〜の追いナンバーが付けられています。例えば（子路第十三22）は、第十三巻・子路の22番目となります。子路は孔子の弟子で、第十三巻の冒頭「子路、政を問う」から第十三巻の名前となりました。論語には多くの解説書がありますが、クリスチャンには、山本七平のものが導入としてはベストと考えます。それ以外は順不同です。

・山本七平『論語の読み方』祥伝社、2014年。

・貝塚茂樹『論語』中公文庫、1982年。

・宇野哲人『論語新釈』講談社学術文庫、1983年。

・渋沢栄一『論語講義（1）～（7）』講談社学術文庫、1977年（実業家の解説する実学としての『論語』講解です）。

・Arthur Waley, *The Analects of Confucius*, Unwin Hyman, 1988.

『論語』も英文で読むと、新しい発見があり、理解の幅も広がります。たとえば「後生畏（おそ）るべし」（『論語』子罕第九23）は「Respect the young」となります。

なお、戦後に教育を受けた筆者が父親世代の日本人の価値観を探ったとき、『論語』と「心学」に突き当たりました。本書では触れていませんが、「心学」の展望・エントリーとしては最適と感じているのが以下に示す山本七平の著作です。氏は「日本の歴史と現代日本をつなぐ架け橋」になる方と考えています。日本人の理解が日本宣教に必須です。

・山本七平『勤勉の哲学――日本人を動かす原理』PHP研究所、1979年。

30）楠本史郎『教会役員ハンドブック』、11–16頁。

31）竹森満佐一『礼拝――その意味と守り方』（東神大パンフレット4）東京神学大学出版委員会、2009年。

・加藤常昭『教会生活の手引き3　礼拝・諸集会』日本基督教団出版局、1982年。

・近藤勝彦『わたしたちの礼拝生活』（鳥居坂教会文庫2）鳥居坂教会、1987年。

32）西野広祥『中国古典百言百話2　韓非子』PHP研究所、1987年。

33）デール・カーネギー『人を動かす』、43頁。

34）安岡正篤『東洋宰相学』福村出版、2006年。

35）守屋洋『老子の人間学――上善は水の如し』プレジデント社、2002年、220頁。

36）江藤淳・松浦玲 編『海舟語録』講談社学術文庫、2004年。

37）村山吉廣『中国の知嚢（上）』中公文庫、1984年、186頁。

38）諸橋轍次『中国古典名言事典』講談社学術文庫、1984年、622頁。

39）大橋武夫『兵書研究』日刊工業新聞社、1978年、473頁。

40）坂本雄三郎『日立にみる半導体工場の現場経営』日刊工業新聞社、1990年、211–229頁。

41）D・A・レアード『人の扱い方とグループのまとめ方』徳永昭三訳、ダイヤモンド社、1972年、57–67頁。

42）大前研一『企業参謀――戦略的思考とは何か』プレジデント社、2002年、107–113、312–330頁。

43）童門冬二『小説上杉鷹山』集英社文庫、1996年。

第3部

これからの日本伝道

1. 社会と教会の構造変化

1.1. 日本社会の構造変化と課題

明日の教会に向かって、まずは教会の仕える日本社会の構造変化を展望します。現実を直視するためにネガティブなデータも取り上げますが、世界的に見れば日本は可能性に充ちた国であり、その教会にも希望があります（2章）。

「歴史を導く主が、どんな素晴らしい道」を備えてくださるのか、楽しみに見極めましょう。

(1) 人口減少社会[1)]

まず、国土交通省のホームページにある「我が国人口の長期的な推移」のグラフ（図3–1）を見てみましょう。2010年の12,806万人をピークに、2030年にはピークの10％減、2050年には25％減、2100年には5,000万人を割り込み61％減と推定しています。正に衝撃的な予測です。

人口減の社会・経済などに及ぼす影響の恐ろしさを、日本人はまだ十

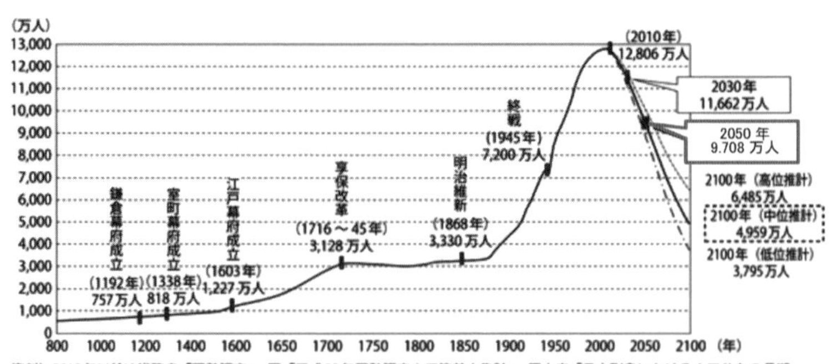

図3–1　日本人口の長期的な推移

分に自覚していないと思われます。地方では部落の消滅など、すでに起こっています。

そんな中で貧富の差が拡大していて、貧困が社会の課題として浮上しています。

(2) 若者の貧困[2)]

非正規雇用者の増加が若者の貧困の主要な要因と考えられます。

1991年からの「日本経済の失われた20年」に非正規雇用者が増加しました。2017年時点での非正規労働者の比率は37%、その賃金レベルは正規の60%位で、若者の貧困問題の主要原因と推察されます。今後の経済発展と、求人環境の改善が期待されます。以下、若者の貧困に関するキーワードです。

ワーキングプア[3)]：ワーキングプアとは、生活保護水準に満たない収入しか得られない就労者、フリーターなどの非正規社員とされます。

未婚化の加速と単身社会化[4)]：非正規労働者の低収入と、将来の見通しが立てづらい状況などが結婚の阻害要因となっています。個人の生活の質（QOL = Quality of Life)、さらには人生そのものが大きく変わります。

(3) 高齢者の貧困[5)]

高齢者の貧困を示すキーワードを記します。

無貯蓄世帯：金融資産のない世帯が30%と言われます。

老後破産：貯蓄の少ない独居高齢者が高額の医療費、長寿命化、熟年離婚などの様々な理由から、生活保護に陥るケースです。

老人漂流社会：老夫婦が相手に先立たれると、生活の維持が困難となります。特別養護老人ホームや無料定額宿泊所、さらに民間の簡易宿泊所を転々として、ついにはホームレスになる人もいます。さらに認知症になれば、孤独死も現実となります。

(4) 子どもの貧困[6)]

子供の貧困は、親すなわち大人の貧困問題です。十分な教育が受けられず、貧しさの世代間連鎖が繰り返される場合があります。

母子家庭の貧困率：日本は母子家庭の貧困率が66%に及び、突出しています。

貧困の世代間連鎖：親の年収が低いと大学進学率は下がるとされます。

1.2. 教会の構造変化と課題

教会には教会員や牧師の高齢化、さらに人口減少問題などがあり、2030年問題[7)]のあとには2050年、2100年と、ますます深刻化する方向にあります。ここに2030年問題とは、教会員数の減少と教会数の減少などを指します。

(1) 教会員の高齢化

上記2030問題の警鐘を鳴らした鈴木功男氏により、教団教会員の高齢化が統計的に示されています。2014年時点での70歳以上の高齢者比率が40%近く、2030年にはその世代が86歳以上となります。一方、2014年時点での30歳以下の比率は5%未満です。(教団総務部、神田修氏の下に集計データあり)

教団では上記への対応も含め、「伝道に燃える教団」のキャンペーンが進行しています。しかしながら「高齢化の真の問題は、青年層が教会から消えていること」との鈴木功男氏の指摘に対する対応策は、まだ見えてきません。上流の流水量が1/5になったナイアガラの滝の運命はどのようになるでしょうか。

(2) 教職の高齢化と不足

図 3–2 は教団総務部教務課の協力により作成した現任教師の年齢別構成図です。

ここに現任教師とは、教会担任教師（87％）、教務教師（ミッション・スクール、11％）、神学教師（神学校、1％）、在外教師・巡回教師など（1％）で、2020 年度末現任教師の数は約 1960 人、したがって教会担任教師は 1700 人前後と推定されます。教会数もほぼ 1700 で、副牧師や伝道師を抱える教会を考慮する必要があります。

ここでも教師数は不足と考えられます。年齢構成から、やがて現任教師数が大幅に減少するのは確実と捉えられます。

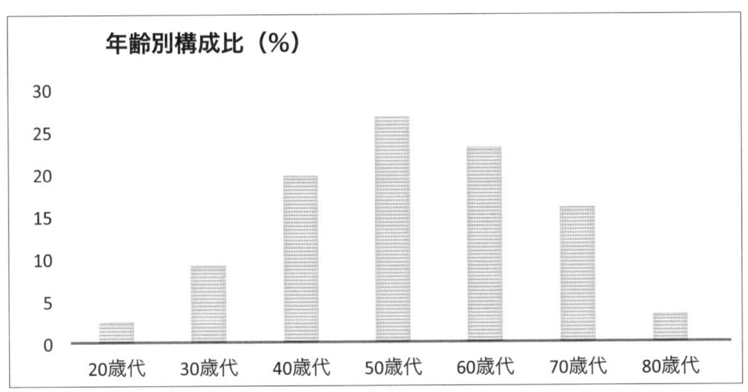

図 3–2　教団現任教師年齢別構成（2020.12 末）

1.3. 日本社会の転換と新しい目標

(1) 日本の近代化と発展

歴史を振り返りつつ、日本の今置かれた状況を考えます。明治維新で近代化を目指した日本は、アジアも含む有色人種のトップを切って大発展を遂げました。しかし太平洋戦争の敗戦により国土は灰燼に帰しました。戦後の日本は国土の 45％を失い、資源にも恵まれず、廃墟の中に立たされました。

しかし、戦後のキャッチアップの努力を重ねた結果、一時期は世界第2位の経済大国にまで発展、科学分野ではノーベル賞、フィールズ賞、その他諸々の賞を多数受賞、産業分野でも「新技術・新製品の開発」や「日本品質の確立」などを実現しました。これは正しく世界の奇跡と呼べるかもしれません。

世界のトップレベルに達すれば、追随ではなく自らが目標を設定することになります。国家も企業も新しい目標を探索・設定し、前人未到の道なき道をラッセルワーク（深い雪をかき分けて進む）しなければなりません。日本にとっては、人類へのさらなる貢献を目指す歴史的なチャンスです。筆者も半導体の生産技術において、世界初となる技術開発[8)]への挑戦が続きました。

現下の世界には深刻な課題が山積しています。米中の覇権争い、中東の混乱などがあり、地球温暖化とエネルギー問題があり、日本ではスーパー台風や迫りくる大地震対策、貧困・格差対策、人口減少対応、さらに直近では新型コロナウイルスとの戦いなど、課題には十分に恵まれています。チャンスとリスクの同居する大きな転換期に当面しているように思えます。

(2) 転換期と次なる目標

いま転換期にあると見られる日本の課題を展望します。筆者は日本近代化の歴史的な転換期を、次のように区分してみました。

第一の転換期：明治維新、近代国家の夜明け（アジア、有色人種では初）

第二の転換期：敗戦、廃墟からの再スタート（自由主義経済と民主主義、研究と技術開発、経済大国、など）

第三の転換期：令和の新時代（新しい国家目標に向かって）

・道義的に尊敬される国民・国家（日本精神の再興）
・国民の安全確保（自然災害への対応、安全保障の充実）
・科学技術立国（フロンティア精神、国家生産性の倍増）
・人口減少社会対応（人口増の施策、計画的な移民受け入れ）
・多様性ある一致志向（寛容精神、Unity in Diversity）
・国際貢献とリーダーシップ（地球温暖化対策、発展途上国の支援）

第三の転換期には、国家も教会も、心の底から共感する新しい目標が必要です。上記の試案は、読者それぞれがお考えいただくための参考です。この国には課題も多いですが、大きく見れば、トップ水準からさらに先を目指せる国は、世界的にもまれではないでしょうか。

そのような日本には、新しい目標とビジョンを描く、各分野での指導者が必要です。日本のアイデンティティに目覚め、その世界的な使命を自覚するリーダーです。

キリスト教会においても同様です。教会のミッションとビジョンは何でしょうか。日本と、さらに世界に対してどのような貢献を目指すのでしょうか。

(3) 日本人の精神劣化と再生

そんな折しも、日本人の劣化現象も目立つようになりました。かつて「経済は一流、政治は三流」と言われて来ました。しかし一流と言われた産業界でも最近とみに「品質偽装」などが目立ちます。さらに優秀とみられた官僚にも問題が多発しています。それらが同時多発的に起こっているとすれば、単なる表面現象ではなく、日本人全体の精神の劣化が懸念されないでしょうか。

日本がチャンスとリスクに当面するこの時、最も求められる人材の劣化が目立ち、残念です。しかし教会にとってはチャンスでもあります。

キリスト者の魂と志をもった人材を育成することです。ルターの言にあるように、「たとえ明日世界が滅亡しようとも、今日私はリンゴの木を植える」人材です。「主にある希望」によって閉塞感を打破することこそが、教会の社会貢献の最たるもの、「地の塩・世の光」を示す道と考えられないでしょうか。いつの時代にも、いずれの分野でも、人材育成が最大の課題です。上杉鷹山公の「人・人・人」の名言があります。

「人多き人の中にも人はなし　人になれ人　人になせ人」(上杉鷹山)

(4) 誇りと規範の回復

新しい時代のスタートに当たり、日本に求められるのは「使命感や倫理観をもった」人材です。主を信じ、「感謝と喜び」に満たされ、それぞれの働きの場が「主から託された祭壇」の思いで、「照る日も曇る日も」ベストを尽くす人材の育成が望まれます。

そのための二つの方向で考えたいと思います。一つは阻害要因の排除です。二つ目は新しいフロンティアの開拓です。

①阻害要因の排除

人にも教会にも国家にもフロンティアが必要です。阻害要因はその逆で、閉塞感や罪悪感などです。戦争の罪悪感が日本人の誇りを失わせ、卑屈にしていないかを懸念しています。

②フロンティア

まずフロンティアとは開拓の最前線で、そこから先は未開の原野が拡がっています。アメリカの開拓時代には西部がフロンティアで、西へ西へと拡大し、西海岸に到達しました。そこから先は宇宙へと向い、月面着陸を実現させています。

日本では「図南の翼」を拡げましたが戦争に敗れ、科学技術立国を目指します。その後科学分野ではノーベル賞受賞者を輩出、技術分野では日本品質を確立しました。また世界的に高い民度も評価されています。

それらの共通点は日本人です。日本のフロンティアは日本人です。

私達個人にとってのフロンティアは自分自身ではないでしょうか。人生は「自分発見の旅」でもあり、キリスト者の旅の道連れは主イエスです。そこで「未見の我（隠れている能力)」を発掘します。

2. 教団の教勢推移とその考察

戦後、日本のキリスト教会の信徒数は100万人を突破しましたが、教団は伸び悩んでいます。その要因解明と対策の行方を歴史が見守ります。

2.1. 日本のキリスト教会と教団の教勢推移[9)]

(1) 日本のキリスト教会の教勢推移

まず、日本におけるキリスト教の教勢の推移全般を見てみましょう。

次頁の図3–3はキリスト新聞社の『キリスト教年鑑2017』と『日本基督教団年鑑』のバックナンバーのデータからピックアプしてグラフ化しました。図中の信徒数とは、現住陪餐会員に不在会員と小児（未陪餐）会員を加えた信徒総数です。

この図から教会全体を見れば、1960年までの急成長期、2008年頃までの成長期、2010年以降の停滞期に分けられそうです。このところ合計値が100万人を突破していますので、クリスチャン数は、大略人口の1%と言えます。

(2) 日本のプロテスタント教会と教団の教勢推移

同様にグラフ化したプロテスタント教会の教勢推移のデータです。プロテスタント教会の中で、教団と教団以外に区分してグラフ化しました

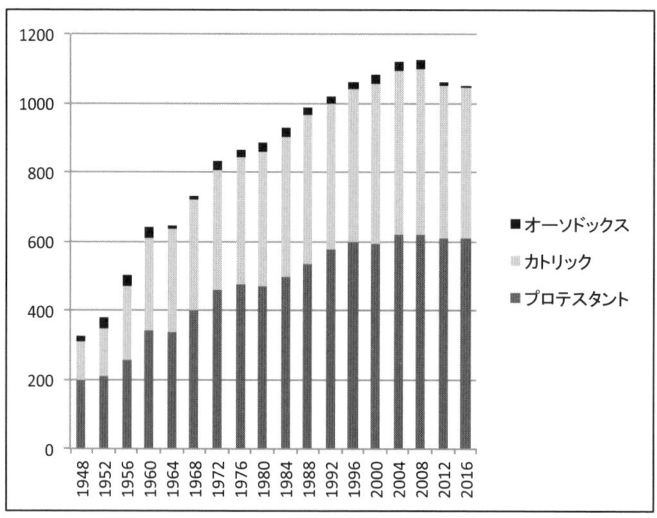

図 3–3　教会別の信徒総数推移

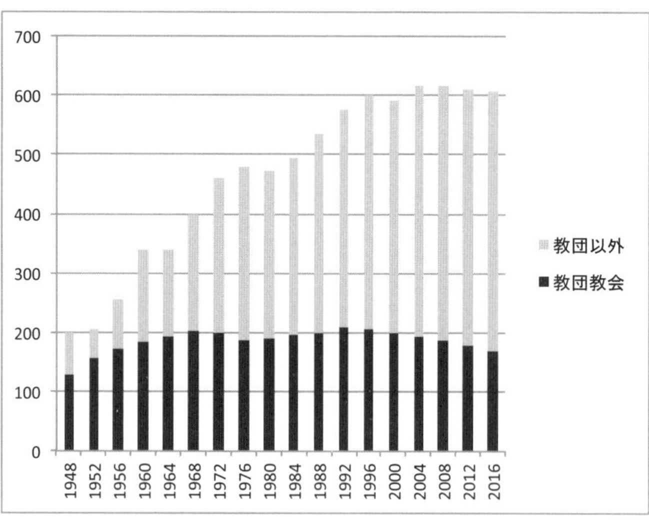

図 3–4　プロテスタント教会の教勢推移

(図 3–4)。

この図からは、教団以外のプロテスタント教会の教勢は伸びていますが、教団教会は停滞していることが分ります。表 3–1 で 1948～52 年

表3–1 各教会の会員数推移と成長率（単位千人、カッコ内%は構成比）

	'48/'52年 平均会員数（A）	'08/'10年 平均会員数（B）	成長率 (B/A)
オーソドックス	24 （7%）	18 （1%）	75%
カトリック	127（36%）	464（42%）	365%
プロテスタント（教団以外）	61（17%）	444（40%）	728%
プロテスタント（教団）	142（40%）	185（17%）	130%
合　計	354千人	1,111千人	314%

と2008～2010年を比較しました。

教団の教勢が他のプロテスタント教会に比較しても、相対的に伸びていないことは明白で、『日本基督教団50年史の諸問題』[10]に「教勢からみた日本基督教団の五十年」と題した11枚の図表による詳細な分析結果の記載があります。データは1990年までですので、2020年まで拡張したデータによる分析と考察が望まれます。

(3) 文化庁編『宗教年鑑』から

①文化庁データ

文化庁編『宗教年鑑』[11]には、日本のクリスチャン比率の数値が記されています。2017年の日本のクリスチャン総数は192万人で、総人口に対する比率は約1.52%です。都道府県別に見たクリスチャンの比率は、地域差が大きく、ここではトップ5と、ボトム5それぞれの比率を記します。特にトップ5は驚くべきデータではないでしょうか。

- トップ5：東京（6.3%）、長崎（4.8%）、神奈川（3.3%）、沖縄（2.1%）、兵庫（1.1%）
- ボトム5：福井（0.3%）、富山（0.3%）、岩手（0.3%）、福島（0.4%）、島根（0.4%）

②上記の考察

各宗派に任された信者数や信徒数の定義の違いもありますが、類似の全国データは存在しないので、このデータから何がわかるかの観点から眺めてみたいと思います。

- 明らかにわかることは、地域差が大きいことです。その理由は分析して、今後の宣教方策に生かす必要があると考えられます。
- クリスチャンの人口比がざっくり5割増しでカウントされていると考えても、東京や長崎の人口比は3〜4%となります。従来その壁が1%と考えていましたが、そんな壁などは存在しないことになります。勇気づけられるデータです。

(4) 教団の教勢推移に対する考察

日本はいま「主のことばの飢饉」の中にあると考えられ、教団全体としては結果的に宣教責任を果たしているとは言い難い状況です。受洗者数は、かつては6,000〜8,000人台が4,000人台となり2,000人台となり、2016年度はついに1,000人台を割り込み939人となりました。同じ日本の環境にあるプロテスタント教会のなかで、筆者もその一員である教団教会が一貫して停滞している原因を何処に求めればよいのでしょうか。

これは10年近く前のことですが、教会の役員会で「教団は日本宣教に失敗しているのでは」と発言し、牧師から猛反発を受けたことがあります。「自分の人生が否定された」と受け取られたのでしょうか、「苦労してんだよ！」とも言われました。確かに配慮の足りない発言でした。ただ筆者は宣教失敗の要因に自分自身も含めた信徒の責任も含めていたつもりでした。さらに職場の先輩から叩き込まれた「マクロはクールに判断、ミクロは情熱的に」の言葉が念頭にあり、教団全体としてはクールな判断が必要な局面と考えていました。

次節に教団紛争を採り上げますが、これは歴史的な事実確認のためのもので、教勢低下の要因と決め付けた訳ではありません。ただ懸念されるのは、紛争をもたらした動機的な原因が、紛争の終了したいまも根強く残っていて、教勢の低下を招いているのではないかという疑問です。もしそうであるならば、「教団の教勢不振は当然の帰結」と言えるかもしれません。そんな思いで、教団紛争に何が起ったかを次に記します。

2.2. 教団紛争とその影響

教勢の低下には教団紛争（1969〜2006 年）が大きいとも考えられます。すでに紛争開始後 50 年、終了後 13 年を経過していますが、その後遺症が現在を縛っている可能性もあります。ここではまず何が起ったのかを振り返ります。

(1) 教団紛争で起こったこと[12)]

教団紛争について小林貞夫氏の著述『実録教団紛争史』からの要約を記します。

> 「その 37 年間、教団は多数派となった造反派に支配されました。暴力が肯定され、万博反対・反体制を主張する造反派は「反政府・反体制でないものは教会でない」とし、「教会は革命の拠点」と主張、「教団信仰告白を基準とし、教憲教規に基づいて」実施されるべき教師検定試験も否定され、「伝道は教勢拡張主義で教会のエゴ」とされて禁句となりました。ピケなどの妨害により、東京教区は総会が開けず、20 年間教団総会に議員を送ることができませんでした。教憲教規の基本・会議制も否定されました。」

まさに「ウソでしょ！」と言いたいところですが、次の「荒野の 40 年」ともよく符合しています。東京神学大学の紛争についても、同じ注記に記しました。併せてお読みいただければ幸いです。

(2)「荒野の 40 年」[13)]

2006 年 10 月に行われた第 35 回教団総会において、山北宣久議長による「荒野の 40 年」と題する紛争の総括がありました。紛争時は、信仰告白、聖書の正典性、教憲教規など、教会の根底が揺らいだとしていて、上記小林氏の記述内容と符合しています。

(3) 伝道の幻を語る[14)]

第 37 総会期第 1 回常議員会発言録などに教団紛争直後の生々しい体験も語られていて、「伝道の幻を語る」と題して小冊子として配布されました。歴史の証言としても貴重です。

(4) 一信徒の紛争総括

1969 年から約 40 年続いた教団紛争は、現在表面的には沈静化しているようですが、いまでもいわゆる教会派と社会派がせめぎ合っており、両手・両足を縛られた教団運営が続いているとも見られます。

日本の教会は、宗教改革やそれに続く宗教戦争の惨禍を経験しないで、その果実だけを受け取った気がします。その結果、信仰告白共同体である教会の「信仰告白」の重みや、血で血を洗う闘争の結果学んだとされる「政教分離」や「寛容の精神」など、身にしみていないような気がします。旧教派の豊かな伝統や行動規範など、広い意味で教会観と言われるものが十分に継承されず、教団紛争の動機的な要因ではなかったかと危惧しています。(66 頁、第二部 1. 3.（3）参照)

教団紛争のその後を見れば、ひたすら世代交代による「風化、時の癒し」を待っているようにも見受けられます。一信徒としては、「聖書のみ、信仰のみ、恵みのみ」による純化のときを期待しています。大切なことは、紛争から何を学び、何を生み出すかではないでしょうか。世界の教会史ではどのような評価が下されるでしょうか。

もしいまが「癒しのとき」であるとすれば、その間各個教会が「伝道に燃える教会」を目指すことは時宜に叶ったことと思われます。現状でできる、またしなければならない最重点のことに集中するときです。そのために役立つかと、最近の試みを紹介します。

3. 伝道に燃える教会づくりを目指して

いま各個教会が「伝道に燃える教会づくり」を目指すのは、現実の教会の本来あるべき姿です。ここではその具体的な実践の方向について考察しました。

3.1. 伝道の基盤

(1)「伝道に燃える教会」とは

「伝道に燃える教会」とは「伝道に燃えるキリスト者の群れ」であり、信徒の信仰生活が充実して、「信仰の歓びに溢れること」が根幹です。ここではその「信仰の歓び」の数値化、見える化を企図しました。

(2) 信徒一人一人の信仰生活の充実

個別教会での「信仰生活の充実度」を評価する試みです。評価項目６項目毎の自己評価をアンケートで求め、レーダーチャートに表示します。図3–5は、ある教会での実施例を参考にモデル化したものです。このレーダーチャートを定期的に活用して、「信仰生活の質（QCL = Quality of Christian Life)」の充実の施策を進めることができます。

ここの評価項目（チャートの各軸）は教団「生活綱領」を参考にしました。各項目は５段階評価で（0.5 飛び)、評価基準は設けず自己評価としました。アンケート結果はグループに分け、役員、礼拝出席者（役

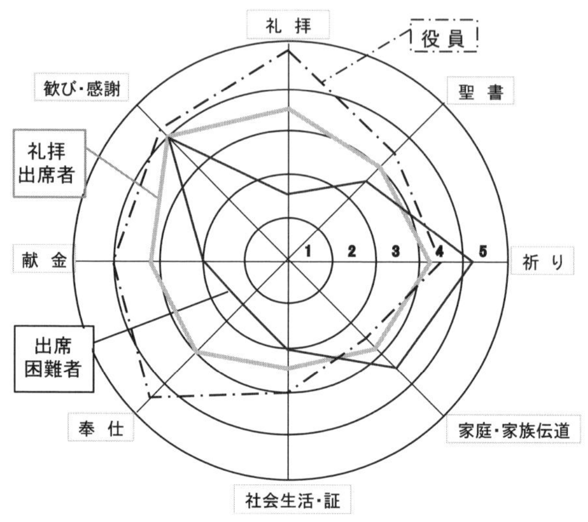

図 3–5　信仰生活の充実度（モデル）

員外）、礼拝出席の困難者としました。図 3–5 のケースを評価してみましょう。

役員：全般に高い評価です。懸命に教会を支えています。あえて言えば家族伝道が泣き所でしょうか。

礼拝出席者：バランスの取れた評価で平均値が 3 前後です。平均値を上げる対応が望まれます。

礼拝出席困難者：高齢者が多く、礼拝・奉仕・献金も思うにまかせません。しかしよく祈り、家族に伝道し、歓び・感謝も高い値を保っています。この方々が忘れ去られないように、教会活動の輪の中に入るようなサポートの必要がありそうです。

全般的に、このモデルでは歓び・感謝がバラツキも少なく、高い値を保っていて、教会全体は望ましい状態にあると言えます。図中の最大のバラツキは礼拝と奉仕で、このバラツキの縮減が「信仰生活の充実」の方向と考えられます。最近始まったインターネットによる礼拝は、その突破口となる可能性を秘めています。また教会員に月々配付されるリストによる「祈りの奉仕」という発想も考えられます。

なおここで、バラツキの縮減にこだわるのは、「品質向上はバラツキの縮減」という工場技術者としての信念に基づくものです。

(3) 信仰生活の習慣化[15)]

前記レーダーチャートの実施教会では、「信仰生活とは習慣である」との考えの下に、「聖書通読キャンペーン」、次いで「祈りのキャンペーン」を推進中です。次ぎに習慣化に関するいくつかの見解を示します。

・スイスの教育・思想家カール・ヒルティ：「思想や信条・信仰告白、単に教会に名を連ねていることが大切ではなく、習慣だけが大切である。」
・経営学者の P. F. ドラッカー：「成果をあげる人に共通なのは、習慣化する能力である。」
・習慣化が定着するまでの時間[16)]：
　＊行動習慣（礼拝出席、聖書通読、祈り、レディ・ファースト――体が自動的に動く）：１か月
　＊身体習慣（朝型生活、ダイエット――体の慣れが必要な行動）：３か月
　＊思考習慣（歓び・感謝、前向き思考、ユーモア――思考の習慣化）：６か月

ヤコブの手紙には「信仰が行いによって完成される」（ヤコ２：22）とありますが、「信仰が習慣化によって完成される」とも云えるのではないでしょうか。

以下教会での最も大切と考えられる習慣の例を示します。

①日曜日は教会へ

「日曜日は教会へ！」は、受洗させていただいた大阪新生教会・故松平豊牧師の口ぐせでした。旅行や出張時に、様々な教会の礼拝を体験することができたのもそのお蔭です。

ただ教会出席には様々な阻害要因があり、ある都市教会の例を示します。

・自分自身の体調

・仕事、サークル・バイト・休養など忙しい

・家族のケア（ノンクリスチャンの家族、子育て、高齢の親）など

・教会への距離・時間（「車で30分・電車で80〜90分」など）

②祈り

役員としては、教会員全体の祈りの習慣定着と、内容の深化を目指します。祈祷会などで祈りを合わせると共に、祈りに対する理解を深めるための研修会も望まれます。

祈りに当たっては「歴史を導く主」に対する信頼が大切に思えます。たとえ願い通りにならなくとも、「主からの最善」が与えられると信じれば、祈りは100％聞かれたことになります。いかなる場合でも「自分の願いでなく、みこころをなさせ給え」と祈りたいものです。

「神を愛する者たち、つまり、御計画に従って召された者たちには、万事が益となるように共に働くということを、わたしたちは知っています。」（ロマ8：28）

③聖書の通読

聖書の読み方には通読と精読（注解書を片手に）がありますが、まずは通読からです。聖書通読に対する筆者の推奨ルールです。

・1日15分（ときに10分）、最善の時間を当て、長続きさせるため長引かせない。

図 3–6　通読回数の見える化

・線など引いて、どんどん先へ（赤：疑問箇所、青：良い箇所など）。
・自分にとって重要度が低いと感じられる箇所（旧約の一部など）は斜め読み可。
・「80 対 20 の法則（パレートの法則）」を適用、新旧約聖書 66 巻、2,000 頁の 20 %、400 頁の中に、自分に必要なメッセージの 80％が含まれているとします。重要と思える個所に集中して通読回数を増やします。
・新約、旧約の通読完了時に、聖書にシールを貼り「見える化」します。ちなみに筆者の目下の通読目標は新約 100 回、旧約 20 回です。目下 56 回と 15 回で前途遼遠ですが、それでも恵みは頂いています。
・習慣化するにはまず着手することで、一旦始めてしまえば楽になります。

聖書を興味深く読み進むために、ドイツの神学者Ｈ・ティーリケは「聖書の中の自分探し」を奨めています。

聖書の登場人物に、自分を見出す。(Ｈ・ティーリケ)[17)]

「２～3 歳の幼児を初めて大きな鏡の前に立たせると、鏡の中には可愛いお友達がいます。のぞき込んだり話しかけたりしますが、ある瞬間その見つめている相手が他でもない自分であることにハッと気付きます。」

ルカによる福音書 15 章の「放蕩息子」、「兄」、「父親」の中に、自分を見出した方々も多いのではないでしょうか。聖書の中に、何人の自分が住んでいるでしょうか。

(4) 伝道の基盤・受容力

①ルカによる福音書15章（放蕩息子の譬え）から

人は人生の荒波にもまれ、ときにボロボロになって、自分の存立基盤・魂のふるさとを求めます。息子の去っていった方を毎日見つめていた父親は、ある日悄然と戻って来た息子を遠くから見つけて、駆け出します。

②無条件の受容

その父親は、放蕩息子を無条件に受け容れました。兄とは大違いです。「在りのままの存在（Being）を無条件で受容することが愛」という愛の定義があります。そして「人はそのように受容されたときに変わる」とも言われます。姦通の女も、ゲッセマネで逃げ去った弟子たちも、イエスに在りのままの存在を受容されて、一変しました。

③条件付きの受容

上記の愛と対照的なのが、条件付き（Doing）の受容です。放蕩息子の兄は「品行方正」であれば弟を受け容れます。伝道の業も、「教会に来るあなたはOK、来ないあなたはNot OK」とすれば、こちらの価値観を相手に受容させていることになります。

伝道で注意が必要なことは、誘った相手に、いま教会に来ていない状況を否定していると受け取られないことです。教会に来ようが来まいが、あなたはOKです。その上で来てみてはと誘います。ありのままの相手を受容しないで、こちらの思い・価値観を受容させようとして逆効果となることがあります。伝道のパラドックスと言えないでしょうか。

④回心

人が変わるのは、無条件に受容され、愛が注がれたときと言われます。人は主イエスに愛され、在りのままの自分を受け容れられたとき、回心して自分を受け容れます。

人はその結果他者をも受け容れられるように変えられます。なぜならば「自己受容と他者受容は比例する」とされるからです。

⑤伝道の基盤

「教会員一人一人の他者受容力の総和が教会の伝道力」と考えられます。人が受洗に到るのは「聖霊の導き」ですが、それは教会の受容力を通しても働くとも考えられます。これを「受容のキャパシティ（容量）[18]」と呼んだ方がいました。

では教会の「受容のキャパシティ」をどのようにして高めれば良いでしょうか。それは信徒一人一人の「信仰生活の充実」、「歓び溢れる日々の歩み」などと考えられます。そのための前節で示した活動が役に立ちます。なによりも「礼拝の充実」がその鍵となります。

⑥カウンセリング

この受容力を発揮するためには「聴く技術＝受容の技術」が大切で、元からその能力に長けた方々も多数居られます。しかし筆者のように生来苦手な人もいるわけで、その場合にはカウンセリングの学びと訓練が極めて有効です。人はカウンセリング的に聴かれる間に「気付き」を与えられ、解決策を自らが見出し、自らが変わります。

「キリストは最高のカウンセラー」とされ、一般にカウンセラーは小キリスト[19]とも言われます。この小キリストの育成が教会の目指す方向とも考えられ、カウンセリングの学びと訓練は、カウンセラーの人生を味わい深く豊かにします。

参考までに５年間のカウンセリング[20]の訓練（ロールプレー）で得た経験を示します。

・自分自身に対する気付き
・人の話が、少しは聞けるようになったこと

・人は外見によらず、それぞれが悩みや課題を抱えていることに気付かされた。
・人に対する基本的態度の転換―「あなたは受け容れ難い（You are not OK)」から「あなたは大切な人（You are OK)」へ
・最も衝突した相手との、当初不可能と思えた和解へと導かれたこと

教会にもカウンセリングの短縮コース、合わせてそのインストラクター養成コースがあればと考えますが、いかがでしょうか。

3.2. 伝道の実践

ここでは実践論を記させていただきます。その根幹となるべき改訂中の「宣教基礎理論」[21)] の早期決着を期待しています。改訂案ができてからすでに7年近く経過しています。

(1) 最初の伝道

伝道はまず「声掛け」から始まります。イエスがガリラヤ湖畔で弟子たちを集められたとき、フィリポがナタナエルを誘いました。これが世界初の伝道です。その時の言葉は、「来て、見なさい」(ヨハ1：46) でした。

(2) 万人祭司（全信徒祭司制）

伝道は牧師と信徒による総力戦です。牧師にできることには時間的、物理的にも限界があり、社会を動かすには信徒力を活用するしかありません。牧師には、信徒の力を引き出すことが求められ、応じる信徒にはフットワークの軽さが求められます。その際、牧師には韓非子の言う「上君」であって欲しいと願います。

「下君は己（おのれ）の能を尽くし、

中君は人の力を尽くし、

上君は人の智を尽くす。」（韓非子）

信徒に信頼が置けない場合には、牧師は自分で何もかも抱え込まざるを得なくなります。牧師を下君にしない努力が必要です。

信徒のフットワークについて、「善いサマリア人の譬え（ルカ 10：33～35）」や「放蕩息子の父親（ルカ 15：20～24）」が参考になります。それら聖句の中に動詞が連なっていることに、読者は驚かないでしょうか。まさにもう一つの愛の定義、「愛は動詞なり」が納得できます。フットワークの軽い読者は、上記ルカによる福音書からいくつ動詞を数えるでしょうか。

(3) 礼拝への招き

礼拝を重視していない教会はないでしょう。では具体的に「車椅子での礼拝参加」、「子連れ家族の礼拝参加」、「高齢者の礼拝参加」などへの配慮は十分でしょうか。

いつの間にか、健常者優先の礼拝になっていることに、案外健常者は気付かないものです。構造的には立派な会堂も、機能的には陳腐化しているケースがあります。

(4) 教会のかけがえのない宝物

教会が社会のニーズにどのように向き合うのか、その考え方を記してご批判を仰ぎたいと思います。

①教会の宝物

人間は物質が満たされただけでは、幸せになれず、「心の渇きが癒される」必要があります。教会は、資金や労力などの物的なリソースは限られていますが、心の渇きを癒すかけがえのない宝物である福音が与えられています。福音宣教こそが、教会のできる、教会にしかできない、ひいては社会の求める業です。それは「人を立ち上がらせ、歩き出させる力」です。ペトロによる癒しの例です。

> 「ペトロは言った。わたしには金や銀はないが、持っているものをあげよう。ナザレの人イエス・キリストの名によって立ち上がり、歩きなさい。」(使3：6)

②良きサマリア人

教会が向き合うのは「隣人」です。身近で困難の中にある人に対しては、良きサマリア人になることを目指します。日本には深刻な貧困問題があります。ただ教会がそのような国家的な課題に取り組むには力はないと言えるでしょう。しかし身近な困難にある方々に対しては、懸命に、隣人愛をもって接します。良きサマリア人の道です。

一つの具体例を示します。教会員や教会の隣人に関する情報は牧師の下に集約されます。南房教会では、その牧師が自由に使えるお金を献金した方がいました。「右の手献金（左手には知らさない)」と名付けられ、困難に会っている方々などのために牧師がその使途を自由に判断します。人に知らさない前提なので、具体例は「牧師のみが知る」ですが、いま教会で立派な働きをしている方の中にも、この献金に助けられた方がいなかったとは言い切れません。少なくとも、牧師が社会に当面する幅を広げる効果があったのではと推察されます。

もう一つ、海外の例を示します。1968年のRiverside教会（ニューヨーク市）では、週日のほとんど毎日、たどり着いた難民のための英語教室を開いていました。またニュージャージー州のSomervilleの教会では移り住んだキューバ難民が定住できるように支援をしていました。アメリカの教会から学んだのは、その行動力です。「愛は動詞なり」を実践していました。

③和解のつとめ

人と神との和解が、人と人との和解につながります。主に受け容れられて、人は自分を受け容れ、ひいては他者を受け容れることができるようになります。

「敵を愛し、自分を迫害する者のために祈りなさい。」（マタ4：4）

和解のためには、教会は祈りの中核になる必要があります。「人と人」、「国と国」の和解のために祈ります。私達は、日本のため、教団のために、あるいは課題の多い政治のため、また隣国のためにも、祈ります。

(5) 伝道活動全般（伝道の方程式）

①伝道の方程式

人が受洗に到る経緯を分析すると、次の「伝道の方程式」が成立します。各項目を2割増しにできれば、全体では1.2の5乗で2.5倍となります。

受洗者数＝伝道圏人口×教会認知率×来訪率×継続率×受洗率

②開かれた教会（コミュニティ・チャーチ）

教団の教会は合同教会が発出点であり、地域指向で教派性の薄いコミュニティ・チャーチ（Community Church）の傾向が強いように思えます。

今から約60年前、東京・国分寺の駅前には教会の案内看板があり、Kokubunji Community Church[22)] と記されていました。当時バプテスト教会員の筆者も安心して出席できました。創設時の国分寺教会を支援したニューヨーク市屈指のRiverside教会も、当初のバプテストの旗印を降ろし、国籍・人種・教派を問わない（Inter-national, Inter-racial, Inter-denominational）地域教会でした。

日本の現状は、物理的に通える教会が限られ、米国のように教派で教会を選ぶことはほとんど不可能です。合同教会である教団教会は、すべての人に開かれた「コミュニティ・チャーチ（地域教会)」が目標ではないでしょうか。

③伝道阻害要因の排除

これからの伝道の手段に様々な新しい工夫を凝らすことは大切です。しかし現存する伝道阻害要因を排除することは、より重要で効果的と考えられます。

「一利を興（おこ）すは　一害を除くに如（し）かず。
一事を生ずるは　一事を減ずるに如かず。」

（耶律楚材、モンゴル帝国の重臣。本書第二部注 38）

では「教会の伝道における一害」とは何でしょうか。それは信徒や求道者を思想で分断し、結果的に排除する動きではないでしょうか。4 章 1.〜3.（160–173 頁）で詳細に検討します。

(6) 人口減少社会への対応

①未来の予測

人口減少は日本国が、世界に先駆けて当面する未踏の課題です。激変する社会の中で、教会は託された希望のメッセージを伝え続けます。

②基本認識

クリスチャンの人口比率 1% を 2〜3% に引き上げれば教勢は維持・向上できます。東京都や長崎県のクリスチャン比率 6.3%、4.8% という文化庁『宗教年鑑』のデータは、数値自体の検証は必要ですが、1% の壁突破には勇気づけられます。

③伝道圏伝道

戦後進められてきた伝道圏伝道について、そろそろ評価と再編の時期ではないでしょうか。近年農村部の人口減少と高齢化、および教職者の減少などにより、地方の教会は存続の危機にさらされています。伝道圏の都市教会と農村教会の結合を、仮に「垂直統合型」と呼び、農村教会と農村教会、都市教会と都市教会などのカップリングを「水平統合型」とします。今後は教会運営上からも、コミュニティ・チャーチでもある「水平統合型」の重要性が増すのではないでしょうか。

どの教会の信徒にも「私の牧師」は必要です。アメリカ開拓時代に、馬に乗って開拓地の教会をめぐる巡回牧師（Circuit Rider；ネットで検索可）がいました。月に一度でも、「私の牧師が」来てくれます。

「すべての教会の礼拝を守る」ことを前提とした北海教区の兼牧の仕組みは、同じ狙いと注目されます。「牧師が現場（教会）に出向く＝巡回・兼牧」が一つの方向ではないでしょうか。各個教会のビジョン共有と、教区・支区による支援が望まれます。

④活動のスピード化

日本の人口半減が2080年頃とすればこれから60年、ドッグイヤーで走る覚悟が必要です。ドッグイヤーとは、犬の１年が人間の７年に相当するように、時の流れが７倍速いことです。（紛争時、東京教区はドッグイヤーでは140年間総会が開けませんでした。荒野の40年は280年相当です）

(7) リーダーシップを発揮できる体制づくり

ある集団が「非常事態」にあれば、トップに権限を与えトップがリーダーシップを発揮できる体制が必須です。「非常事態」がキーワードです。

阪神淡路大震災の時、時の首相が自衛隊の投入に逡巡し、被害の拡大を防止できなかったとする批判があります。真偽のほどは不明ですが、非常時のリーダーの決断力の、命にかかわる重要性を示しています。

- 非常事態では、タイミングの良い意思決定が必要です。問題意識を共有する必要がある場合には、デルファイ法が有効です。

・方向が決まれば、活動に必要なリソース（人・モノ・資金・時間など）を準備します。この方向の決定とリソースの手当てがリーダーの最も重要な役割です。
・計画はまず工程表を作成します。最も重要なのは「方向決め（コンセプト）」です。工程が進むほど変更は大変になるので、企画段階で叡智を投入します。それをフロント・ローディング（前段階での資源投入）と称しています。
・トップの責任は重大ですが、「人の智を尽くす」上君を目指す必要があります。自分の能力を超える人材を集めるのがリーダーです。

4. 教会と社会のかかわり方

4.1. 政教分離の観点から

教会と社会がどのようにかかわるか、教団の歴史を「政教分離」の観点から展望し、今後の在り方のヒントを探ります。

(1) 政教分離とは[23)]

戦前・戦中の日本では、天皇を現人神（あらひとがみ）と奉ずる国家神道が国教の位置を占め、憲法で保障された信教の自由も制限がつけられていました。戦後の新憲法では（20条、89条）信教の自由を認めるとともに、特定宗教が国教とならない配慮がなされています。その手段が「政教分離」であり、米国や欧州など国と地域や歴史などによって、異なった形態となっています。

「政教分離」は、プロテスタント教会が歴史の荒波の中で学んだ、基本的な教会観の一つです。この「政教分離」には、「教会の国家支配」

や「国家の教会支配」を認めない主張が含まれます。さらに国家と教会がそれぞれ異なった機能を与えられており、互いに尊重し合うのが原則です。しかし国家による信教の自由や生命・人権の著しい棄損などに対しては、「信仰告白的事態」として教会は声をあげるべきとされます。

(2) 戦前・戦中にみる教会と社会

教団創立前後の教会と社会の動きを『日本基督教団年鑑』[24)]から抜粋して要約しました。教団創立の半年後に日米開戦となり、国策に従って合同した教団は戦争遂行に協力しました。国家神道を事実上の国教とする国家による教会支配は、「政教分離」からの離脱と捉えられます。

1939.03：宗教団体法成立―国から教会合同の要請
1941.06：教団創立―教団規則案の承認、統理者の選任
1941.12：日米開戦
1942.01：大政翼賛・戦争協力―統理者の伊勢神宮参拝、聖公会やホーリネス系教会などへの弾圧を黙認（教職検挙 116、実刑 19、獄死など 7)、募金にて軍用機を献納
1942.10：教団戦時布教方針
綱領：国体の本義に徹し大東亜戦争の目的完遂に邁進、宗教報国など
実践項目：忠君愛国、敬神崇祖、国策の遂行に協力など
1945.08：敗戦
1946.10：教憲・教規の制定
1954.10：日本基督教団信仰告白制定―教団創立後 13 年、戦後 9 年を経過

(3) 戦後にみる教会と社会[25)]

次に『日本基督教団年鑑』に記載された教団声明では、戦中とは一転して政権と対峙しようとしているように見えます。これは時の政権に対する不信が根底にあると捉えています。ただ教会が政治的な見解を表明することには制約はありません。「見張りの使命」も含め、社会に対する教会の対応は教会自身が決めることです。

1959.12：「安保条約改定問題に対する声名書」[26)]、教団総会で問題化。
1962.11：憲法擁護に関する声明
1964.06：「日本基督教団宣教基礎理論（以下、「宣教理論」と略称）」の発表
1967.03：「第２次大戦下における日本基督教団の責任についての告白」[27)]（以下、「戦責告白」と略称）
1968.10：「日本万国博キリスト教館に関する件」可決→万博問題の展開
1978.04：「靖国神社公式参拝（天皇、首相などの公式参拝）」反対
1999.07：「日の丸・君が代など国旗・国歌法制化」に反対する声明

(4) 筆者の体験的教会観

教会観は各教派の歴史と伝統からくるもので、教会と社会のかかわり方なども規定します。教会固有の慣習や行動規範、さらに価値観（Value）を示し、この世の荒波を乗り切る指針となります。ですから、教会役員にとっても教会観[28)]は極めて重要です。ここでは、長年の信仰生活で培った著者自身の体験的教会観を記します。

①教会とはキリスト者の群れ：次の二つの聖句、「教会はキリストの体であり」（エフェ１：23）と「あなたがたはキリストの体であり」（一

コリ 12：27）から導かれる「教会はキリスト者の群れ」が著者の教会観の核心です。

②群れの多様性：信徒の群れは、「多様性（Diversity）が恵み」と捉えられます。教会は信仰告白共同体であり、信仰告白が教会を一つ「We are One」とします。この信仰告白に反しない限り信徒の思想は自由です。

③礼拝では：礼拝では「憲法改正論者も反対論者」も肩を並べて座り、共に「みことば」に聴き、讃美を捧げます。互いに相手を尊敬し受け容れます。

④「地の塩、世の光」：これら信徒がそれぞれの置かれた社会において、キリスト者としての良心に従い社会に参加します。そのようなキリスト者の群れを社会に送り出すことが、教会の社会貢献の基本であると考えています。

⑤教会活動の基本：教会は国家や社会が主の御心に沿った方向に向かうように、祈り求めます。特に「信仰告白的事態」が発生した場合には、声を挙げます。社会的な弱者や困難の中にある方々に対しては、良きサマリア人となるように努めます。

⑥最大の社会貢献：「みことばの飢饉」にあるこの国において、全ての人々を立ち上がらせる力は「みことば」にあり、福音宣教こそが最大の社会貢献であることを心に刻みたいと願います。

4.2.「見張りの使命」の観点から

(1) 教団と「見張りの使命」

戦前、戦中の反省に立って、教団は「見張りの使命」を果たすために、時の政権と対峙しようとしているように見えます。

「見張りの使命」の主張の源流には教団創立 25 周年記念大会における鈴木正久氏の基調講演[29]があると考えます。その総会で教団議長に選ばれた鈴木氏は、教団の教会は国内、外において、政治的な横暴に対して当然発言すべき責任を果たさなさ過ぎたと反省、その結果「『平行主義』をやめること」と表明しています。ここで「平行主義」とは、この時初めて用いられた用語とされ、国家（政権）と教会が鉄道のレールのようにどこまでも平行で交わらないことを意味します。

「見張りの使命」のもう一つの根拠は、日本基督教団史[30)]に記された「イエスキリストの王権を告白する教会は、世に対する「見張りの役目」および「地の塩としての役目」を持っているので、黙することはゆるされない。」という見解です。筆者には、王権の根拠とされる（詩 2：1〜12）やハイデルベルク信仰問答問（第 12 主日、問 31）[31)]を読んでも、「黙することはゆるされない」とする「見張りの役割」の理解には到りませんでした。

(2)「見張りの使命」の聖書的根拠

①聖書主義の基本

教団の信仰告白の冒頭には「旧新約聖書は、教会の拠るべき唯一の正典なり。信仰と生活との誤りなき規範なり。」としています。「見張りの使命」についても、聖書にその根拠を求めたいと考えます。

②教団は預言者か

では「見張りの使命」の聖書的な根拠は何でしょうか。聖書（新共同訳）を「見張り」で検索すると、新約 5 か所、旧約 50 か所が検出されました。その中で出会った関連する聖句は、(エゼ 3：17)、(エゼ 33：7)、(ハバ 2：1）の 3 か所です。

「人の子よ、わたしはあなたを、イスラエルの家の見張りとする。わたしの口から言葉を聞くなら、あなたはわたしに代わって彼らに警告せねばならない。」(エゼ 3：17、エゼ 33：7 も同様の記述)

「わたしは歩哨の部署につき、砦の上に立って見張り、神がわたしに何を語り、わたしの訴えに何と答えられるかを見よう。」(ハバ２：1)

当時、新バビロニアの捕囚の中にあったイスラエルの民は、神の民が何ゆえに苦しまねばならないのか、「神のことば」を待ち望みます。エゼキエルやハバククなど預言者が神の言葉を伝え、「みことば」にとどまっているかを見張る相手は「イスラエルの家」です。異教社会の中にある日本にあっては「教会」と考えられます。

教団では、「見張りの使命」をないがしろにしたことが告白されており。教団宣教基礎理論の解説[32)]でも「教会の預言者的使命」の根拠として、上記聖書個所が引用されています。教団教会は自らを預言者と位置づけ、異教の国・日本を見張りの対象としているようにも見受けられます。ここで二つの疑問が生じます。

- ・教会は「見張る存在」ではなく、預言者に「見張られる存在」ではないでしょうか。
- ・教会はハバククのように、ひたすら「みことば・福音」を求め、語っているでしょうか。

③日本社会が真に必要とするもの

「みことばの飢饉」にある日本社会にあって、社会が真に必要とするものは「十字架の福音」そのものではないでしょうか。私どもは、以下に示すイエスの言葉や、異教社会のコリントにおけるパウロの思いを心に留める必要があると考えています。

「人はパンだけで生きるものではない。神の口から出る一つ一つの言葉で生きる」(マタ４：4)

「なぜなら、わたしはあなたがたの間で、イエス・キリスト、それ

も十字架につけられたキリスト以外、何も知るまいと心に決めていたからです。」(一コリ2：2)

(3)「見張りの使命」の例・「原発反対」

①聖書の根拠

教団の政治課題に対する声明を検討します。一例として「原発反対」を考えます。福島原発に対して、事故2年目（2012年)、3年目、5年目に議長声明が出され、「原発は、神の創造の秩序の破壊をもたらすもの」とし、全ての原発の廃止を求めています。被害の甚大さを思うとき、そのように主張する気持ちはわかりますが、その根拠が気になります。

上記3回の議長声明で挙げられている聖書個所は次の通りです。

「地とそこに満ちるもの、世界とそこに住むものは、主のもの。」(詩24：1)
「産めよ、増えよ、海の水に満ちよ。鳥は地の上に増えよ。」(創1：22)
「神はお造りになったすべてのものを御覧になった。見よ、それは極めて良かった。」(創1：31)

読者の皆様、いかがでしょうか。上記の聖句から原発賛成や反対が導けるでしょうか。一般的には、自分に都合の良い聖句をえらび、都合よく解釈することになりかねません。次の聖句は、技術者である筆者が、全ての技術者を激励する聖句です。

「産めよ、増えよ、地に満ちて地を従わせよ。「(創1：28)

②技術的根拠・原発の安全性

では事故の影響などを勘案した安全対策はいかがでしょうか。ここでも教団は「初めに結論ありき」で、その主張に合致した専門家の意見をコピペした可能性があります。専門家集団でもない教団が、技術論から安全性を云々できるとは考えられません。

③政策的根拠・国家のエネルギー政策

国家の存立にはエネルギーの安定供給が欠かせません。エネルギーの量的確保や、エネルギーミクス、エネルギー安全保障、CO_2 対策、エネルギーコストなどの最適化を図ります。教団にそのようなトレードオフも勘案した総合的な政策立案能力があるでしょうか。

2021 年に入って、電力のひっ迫が伝えられています。最大電力使用率も安定供給ラインの 95％を超え、九州・東北・四国・関西電力で 96～99％と報じられています[33)]。ブラックアウトにでもなれば、どれだけの死者が出るかわかりません。液化天然ガスの供給不足と価格の上昇などで、化石燃料依存が 90％ともいわれる日本では、CO_2 排出が増加し、国際収支にも影響が懸念されます。原発を停止した分だけ、CO_2 の排出量が増加します。

④教団声明の背後にあるもの

先の原発反対声明は、技術論や政策論ではなく、それを推進する体制に対する不信感があるのではとの考えも浮かびます。後に示す「平和メッセージ」にもそのことが顕著に示されているのではないでしょうか。

(4)「見張りの使命」の例・「平和声明」

教団が聖書主義を基本として、社会の課題に対して具体的な提言を行う場合、その提言の根拠を直接聖書そのものに求めていないケースが見られます。具体例を示します。

2017年日本基督教団・在日大韓基督教会平和メッセージ[34)]（一部抜粋）
「……2012年以降、第二次、第三次安倍政権のもとで、特定秘密保護法制定（2013年12月6日)、集団自衛権容認の閣議決定(2014年7月1日)、安保法制の確立（2015年9月19日）に至り、今日では憲法第9条をはじめとする改憲の動きを一層強めています。

いま日本が自公連立政権の、多数議席の横暴によって歯止めがかからないまま突き進む危険な政治に対して、わたしたちは聖書の指し示す愛と平和の福音に立脚しつつ、断固として反対を表明します。」

上記の教団議長声明では、「聖書の指し示す愛と平和の福音に立脚」としていますが、形容詞を除けば「福音に立脚」です。左翼政党の主張と酷似したこの声明が「福音」なのでしょうか。バルメン宣言[35)]のように、聖書的な根拠が明示された声明を切に望みます。

4.3.「戦責告白」にみる教会と国家

「戦責告白」は先の大戦に関する教会の総括ですが、その背景にある歴史認識や歴史観は記されていません。最近では世界的にも認められている「東京裁判」を見直す資料も公開されており、ご参考にしていただければ幸いです。

(1)「戦責告白」

この「戦責告白」では、戦時下の教会と社会のかかわり方について反省・告白しています。「あの戦争に同調」したこと、「見張りの使命」をないがしろにしたことなどが告白の核心と捉えられます。

①「戦責告白」(要部抜粋)

わが国の政府は、そのころ戦争遂行の必要から、諸宗教団体に統合と戦争への協力を、国策として要請いたしました。当時の教会の指導者たちは、この政府の要請を契機に教会合同にふみきり、ここに教団が成立いたしました。

「世の光」「地の塩」である教会は、あの戦争に同調すべきではありませんでした。まさに国を愛する故にこそ、キリスト者の良心的判断によって、祖国の歩みに対し正しい判断をなすべきでありました。しかるにわたくしどもは、教団の名において、あの戦争を是認し、支持し、その勝利のために祈り努めることを、内外にむかって声明いたしました。

まことにわたくしどもの祖国が罪を犯したとき、わたくしどもの教会もまたその罪におちいりました。わたくしどもは「見張り」の使命をないがしろにいたしました。

1967年3月26日　復活主日　日本基督教団総会議長　鈴木正久

②「戦責告白」の歴史的な評価

この「戦責告白」によってアジアの諸教会との和解が進み、沖縄教会との合同の契機ともなりました。またカトリックや聖公会、プロテスタント各教派などが後に続き、キリスト教会の流れを作ったと言えます。また教団内では「見張りの使命」をないがしろにしたとの反省から、積極的な社会発言の方向性を明確にしました。

③教団関東教区の「日本基督教団罪責告白」[36](以下、「罪責告白」と略称)

「戦責告白」から半世紀近くを経てまとめられた関東教区の「罪責告白」では、「主なる神」に対する罪がまず告白されています。

「教団は、天皇を中心とする国家に奉仕する教会となり、神ならぬものを神とし、戦争に協力する数々の過ちを犯しました。」

ただこの「罪責告白」は教団、教区双方のホームページには見当たらず、その存在を知らない方も多いのではないでしょうか。

④「戦責告白」における「教会の罪」

「戦責告白」では「あの戦争」そのものが大罪であり、国家は主犯、教会は従犯としているようにも読み取れます。ここで国家の罪と教会の罪は同じなのか、さらに主なる神に対する罪と、人に対する罪をどのように区分するかなどの疑問を生じます。

終戦記念日に「戦責告白」を朗読する信徒一般のために、また後の世代のためにも、罪過の明確化が必要ではないでしょうか。それらはマトリックスで描けばより明快となります。表 3–2 はその方法を示す試みです。記載の内容は「罪責告白」を参考にしましたが、表の内容は暫定的なもので、さらなる吟味が必要です。

表 3–2　先の大戦における日本国と教会の罪過

	国家の罪	**教会の罪**
主なる神への罪	神ならぬものを神とする (真の神を知らず、認めず。天皇を神格化)	神ならぬものを神とする (神格化天皇を拝し、神社に参拝)
人に対する罪 (外地、アジア諸国)	植民地奪取の戦争を推進 天皇の神格化を強制 宮城遥拝、神社参拝の強制 一部の教会を迫害	植民地奪取の戦争に協力 天皇の神格化を容認 宮城遥拝、神社参拝を推奨 一部教会の迫害に沈黙
人に対する罪 (日本と日本人)	天皇の神格化・思想統制 一部教会を迫害 人命の軽視（捕虜の禁止、戦死者の半数以上は餓死？）	天皇の神格化を容認 一部教会の迫害を容認 人命軽視に声を上げず

「戦責告白」では、神ならぬものを神とした罪への告白は欠落しているようにも見られます。戦争に対する罪（侵略戦争）を告白していますが、戦争の主体は国家であり、教会はその国家に巻き込まれて同調し、

批判（見張り）をしなかったことを罪としているように見受けられます。その反動として時の政権や、それを民主的に選んだ国民と対峙するのでしょうか。いったい対峙する相手に伝道が出来るのでしょうか。福音宣教が結果的に十分でなく、愛する祖国が異教の国に留まり続けている現状に対して、キリスト者の「申し訳ない」という思いが溢れているでしょうか。これは筆者の問題提起と捉えていただければ幸いです。

次に、国家の罪に対して、さらに考察します。

(2) 国家の「主」に対する罪

これは表 3–2 のマトリックスに示したように、「神ならぬものを神とした罪」と考えられます。その根源には「真の神を知らず、それを認めず、神を神としてあがめない罪」があります。したがって国家の罪は、「真の神」を伝えきれていない、私達キリスト者の負うべきものとは考えられないでしょうか。

(3) 国家の人（国民と近隣諸国）に対する罪

①国際法的にみた国家の罪[37)]

国家の罪を裁くのは一義的には国際法ですが、当時「戦争そのものを裁く法」はなく、すべての戦争自体（侵略戦争も含めて）は罪には問えません。したがって、日本の太平洋戦争は、国際法上は罪に問えないことになります。

②極東国際軍事裁判（以下「東京裁判」と略称）

インドのパール判事はこの裁判のために作成された極東軍事裁判条例（チャーター）という後付けの法による裁判は、法の「不遡及の原則」からも無効であり、A 級戦犯全員の無罪を主張[38)]しました。

③米国側当事者のその後の見解

以下、国家としての日本の罪に対するその後の米国側当事者の見解です。

D・マッカーサー：

米議会で「東京裁判は間違いだった」と告白、「日本の侵略戦争でなく、自衛の戦争」と証言しました。(1951.5・米国上院)

フーバー大統領（米 31 代）[39)]：

「日本との戦争の全ては、戦争に入りたいと言う狂人（ルーズベルト）の欲望であったと私（フーバー）が言うとマッカーサーは同意した。」「1941 年 7 月の経済制裁（石油の禁輸、在外資産凍結など：筆者註）は、単に挑発的であったばかりではない。それは、単に自殺行為であるとわかっていても、日本に戦争を余儀なくさせるものであった。」と述べています。

ヘレン・ミアーズ[40)]：

ルーズベルト政権内の「彼ら（日本）に第一撃を仕掛けさせる戦略」などについて記しています。連合国の舞台裏がよくわかります。

④マッカーサーの日本占領政策

占領軍のマッカーサー GHQ が、日本人を二度と立ち上がらせないように、罪悪感と加害者意識の刷り込みを企図したことが明らかとなりました。いわゆる WGIP（War Guilt Information Program）[41)] と呼ばれるもので、徹底した検閲と言論統制や、東京裁判や憲法などがそれに当たるとされます。結果として東京裁判史観が浸透し、日本人の精神的な劣化につながっている可能性があります。

（敗戦時に小学 3 年生であった筆者は、次々に報道される皇軍（日本軍）の残虐行為に衝撃を受けた思いがあります。母親が「間違った戦争」、「軍部に騙された」などとしばしば語っていたことも記憶の片隅にあります。もしかして WGIP の影響が大きかったのかも知れません。）

以上の①〜④は、いわゆる「東京裁判史観」に対する反証の資料です。歴史認識を再吟味する必要性を認識していただければ幸いです。

4.4. 次世代への継承

(1) 役員の方々へ

私達キリスト者一人一人は「現代の使徒行伝」を書き続ける使命が託されていると考えます。その覚悟が求められているのではないでしょうか。

(2) 次世代への継承

①教会の次世代の方々に、経験を伝えていく責任が、現世代の私達にあります。先輩にしつけられた、情報伝達の鉄則は「伝える側に、伝わるように伝える責任あり。伝わらないのは、伝え方が十分でないから」です。

②「歴史を導く神」は学ぶものではなく、その中を生きる（生かされる）ものと理解しています。お相撲さんが「チャンコの味が身に沁みる」ように、キリスト者は「神の恵みが身に沁み」ます。そのような生き方を伝承したいものです。

(3) アジアから日本へのエール

①若者への信仰の継承は、主からの恵みの継承です。若者には、世界に伍してゆくに当たり、日本人であることに自信と誇りを持つことが必須です。

②歴史的な日本人の民度に関しては、「異邦人たちの見た150年前の日本」がYouTubeに過去の写真と共に掲載されており、筆者には新鮮な内容です。(https://www.youtube.com/watch?v=EPWlxidSAkk/「150年前の日本」で検索も可)

③先の大戦では、日本は数々の失敗や過ちを犯しました。歴史を正視し、歴史から謙虚に学ぶことは必須です。日本人の歴史認識を歪めていると考えられるのは、マッカーサーの占領政策に起因するものです。それによりもたらされた「東京裁判史観」に疑問を呈するものは「歴史修正主義」とラベリングされることがあります。それでも「東京裁判史観」からの脱却の流れが生じています[42)]。

④その上で、若者には「額を上げて、敢然進め（高校恩師の言葉）」のような激励が必要です。ここでは近年とみに日本を貶（おとし）める情報が声高に飛び交う中で、反対に日本を評価し、激励してくださる方々の情報を集めてみました。これらの評価は読者に委ねます。

〈アーノルド・トインビー博士〉

英国の著名な歴史学者で、太平洋戦争の世界史的な意義を次のように述べました。

> 「英国の戦艦プリンス・オブ・ウェールズが撃沈された時（1941年太平洋戦争初期・マレー沖海戦にて―筆者注）、200年間植民地を支配した西洋人が不敗の半神でないことを明示したことが、太平洋戦争の世界史的な意義である」（英紙オブザーバー：1956.10.28）。

〈マレーシアのマハティール首相〉

筆者もかつてマレーシア・ペナンにある工場に10回以上通ったことがあります。当時マレーシアのマハティール首相は、就任以来「ルック・イースト（日本）政策」を国策として進め、マレーシアの経済成長（GDP倍増）を主導しました。その著書[43)]の中で、愛国心の大切さを説き、「日本は戦争の贖罪意識から解放さるべき」と述べています。また、

「日本は日露戦争勝利により東南アジア諸国の尊敬をかち得た。その太平洋戦争初期の勝利によって、それまで無敵と思われた欧州の君主も敗北することがあると認識したことは、独立に対する切望の念を強くした。」

とも記しています。これは、先に引用したトインビー博士の言葉とも符合します。圧倒的な軍事力で植民地を支配した英国（白人）に対し、日本はその艦隊を撃破しました。アジア人・有色人種にとって、歴史の転換点です。日本人はそのために多大の犠牲を払ったとも言えるのではないでしょうか。

〈中国の革命指導者・孫文〉

『三民主義』の中で述べられた中国の革命指導者・孫文の言葉にも着目が必要です。日本はアジア、ひいては有色人種の旗手と捉えられています。（以下、孫文の言葉[44]です。）

「ベルサイユ講和会議（1919年、ドイツと連合国間で第一次世界大戦の戦後処理のため開催―筆者注）で、日本は五大国の一員として席に着いた。日本はアジア問題の代弁者だった。他の諸国は、日本をアジアの「先頭馬」として認め、その提案に耳を傾けた。白色人種にできることは日本人にもできる。人間は肌の色で異なるが、知能には違いがない。アジアには強い日本があるから、白色人種は日本人もアジアのいかなる人種も見下すことはできない。

日本の台頭は日本民族に権威をもたらしただけではなく、アジア全民族の地位を高めた。かつてわれわれはヨーロッパ人のすることはわれわれにはできないと考えていた。いまわれわれは日本がヨーロッパから学んだことを見、日本に習うなら、われわれも日本と同じように西洋から学べることを知ったのである。」

筆者の技術者時代、戦後の高度成長期に「日本は応用研究（Generic

technology）に特化して、基礎研究をただ取り」との批判が欧米先進国から浴びせられ、悔しい思いをしました。その後ノーベル賞の受賞が続くなどで、その非難は影を潜めました。孫文が述べたように、中国・韓国などアジア全体がその恩恵に浴していると考えられます。

〈台湾の李登輝元総統〉

台湾の李登輝元総統の日本に対するエールと期待[45]にも耳を傾けたいと思います。特に李登輝氏の洞察や見識には敬服脱帽です。李登輝氏はキリスト者であり、同じくキリスト者である新渡戸稲造による名著『武士道』[46]を日本人の道義的な生き方を示す書として評価しました。氏はまた、アジアのリーダーは日本をおいて他はないと断言しています。

台湾には「リップンチェンシン（日本精神）」なる言葉がいまでも活きていて、「勤勉、向上心、正直、仕事を大切にする、約束を守る、時間を守る、フェアである」を意味するといいます。台湾に、日本では風前の灯と見られる「日本精神」が残っているとすれば、現在の「台湾人も李登輝氏も、日本の戦後教育を受けていないから」といううがった見方のあることを付記しておきます。

なお本書の校正中に李登輝元総統の訃報に接しました。本書が完成した暁には、墓前にお捧げできればと願います。

〈締めくくりは山本七平氏です〉

飛び交う情報に迷わされないで、事実を見据えることが大切で、クリスチャンでもある山本七平氏の著述に着目です。日本精神の源流の一つである「論語」[47]や労働観[48]、日本人とは何か[49]、その場の空気に流される意思決定システム[50]、日本人とユダヤ人（イザヤ・ベンダサン）[51]の民族性などなど、キリスト者の目から見たユニークな視点は刮目に値します。

次は、上記も踏まえた筆者自身の日本の歴史観です。

(4) ファースト・ペンギン史観

ファースト・ペンギンとは、危険の待ち受ける海に最初に飛び込む、群れの中の勇気あるペンギンです。日本は世界史において、アジアの、さらに有色人種にとってのファースト・ペンギンとしての役割を担ってきました。以下、歴史的な事実だけを記したつもりの、筆者の「ファースト・ペンギン史観」です。

日本人は有色人種の先導役（ファースト・ペンギン）

・日本人は四季のはっきりした、変化に富む美しい国土に住む。
・世界的にも貴重な有形・無形の文化遺産を多数、大切に保存している。
・世界的評価の民度の高さ（150年前の日本、173頁 (3)②参照)。
・アジアで初めて西欧文明を導入、初めて憲法を制定した（1889年)。
・国際会議（1919年、パリ講和会議）で世界初の「人種差別撤廃案」を提案した（英米等の反対で否決)。
・アジア植民地時代に、ロシアに勝利し、英米に挑戦。結果的に東南アジア諸国・インドなどでの独立の機運を醸成し、植民地時代を終焉に。
・戦後の廃墟より立ち上がり、産業分野で独創と改善の力を発揮し高品質化などで欧米を凌駕する道を示した。
・基礎研究ではノーベル賞・フィールズ賞、建築ではプリッカー賞など世界の先端に立てることを示した（アジア人が「応用技術に特化して基礎研究ただ乗り」と言わせない実績)。

・スポーツでも、アジアの先頭を切って世界に挑戦した競技が多い（水泳、女子バレーボール、マラソン、女子サッカー、特にラグビー等)。

・亜流や模倣ではない固有の文化を世界に発信している（漢字は中国が起源です。しかし中国語の２字熟語の70％は日本発といわれ、中国に恩返ししたことになります。たとえば中華人民共和国の人民も共和国も、さらに隣国では大統領も日本発の熟語です。科学も宗教も教育も、日本の造語です)。

(5) 日本人の歴史認識について

「何事もウヤムヤにしたままで、水に流して忘れてしまう」、これが日本人の特性のような気がしています。原発事故や第２次世界大戦も然り、教団紛争も然りと思えます。教団の「戦責告白」においても「なぜなぜなぜ」と、「原因」の奥に潜む「真因」追及の結果は明記されず、どのような歴史認識と歴史観に立つかは推定するしかありません。

山本七平氏の、陸軍将校として軍隊に身を置いた体験も含めた、次の指摘を重く受け止めるべきではないでしょうか。考えさせられる内容です。「日本は二度敗れた。戦闘と、次いで占領政策に」と述べ、その理由を「事実を直視する勇気がないこと」としています。

4.5. ルターの妻ケーテからのメッセージ

本書を、マルティン・ルターとその妻ケーテからの、歴史を超えたメッセージで閉じさせていただきます。

ルターは、貧しい貴族の娘で修道女であったカタリーナ・フォン・ボラ（愛称、ケーテ）と結婚しました。ケーテとの間に３男３女を設け、家庭生活を愛好し、子供を可愛がりました。「愛する坊や、ハンス・ルターへ」と記された慈愛に満ちた手紙も残されています。子供たちのために、美しい讃美歌 101 番（いずこの家にも）も残しています。

宗教改革の進軍ラッパ、ルター作詞作曲の讃美歌 267 番『神はわがやぐら』の４番は、かつて「わがたからも」ではなく、「わが命も　わが妻子（つまこ）もとらばとりね」と歌われていました。その方が原作に忠実で、ルターの烈烈たる気迫が伝わって来ます。ちなみにドイツ語の原歌詞は“Nehmen sie den Leib, Gut, Ehr, Kind und Weib”（私の命も、財産も、名誉も、子供や妻も、すべてをお捧げします。—筆者訳）です。その箇所ではいつも、小声で「わが命も、わが妻子も」と歌っています。

そんなルターにも、意気消沈するときもあったようです。彼の妻ケーテがある日、夫のマルチンの前に真っ黒な喪服を着て現れました。『ケーテ、誰が死んだのだね』と尋ねますと、妻のケーテは『神様はお亡くなりになったのです』と答えました。びっくりしたルターは、『ばかな、そんなはずはないじゃないか。神様は永遠に生きておられるお方だよ』と言いますと、ケーテは答えます。『でもマルチン、あなたを見ていると、すっかり失望していらして神様がお亡くなりになったと思えるのですもの』。ルターは妻のケーテが賢い女だとはっきりわかりました。そして自分が極度に失望、落胆していることに気づき、もう一度、いつも共にいて私達を助けくださる神様を信じ直して、立ち上がったというのです。

ケーテの喪服姿と「あなた、神様はお亡くなりになったの？」は時代を超えての私達へのメッセージではないでしょうか。暗闇と混とんの中に光を見る思いです。この希望の光を胸に、安心して主にお委ねしつつ、主の宣教命令にお応えしたいものです。

5. 祈り

本書の終わりに際し、一言の祈りです。

主なる神様、主のみ名を称え、心から賛美いたします。

日本の教会、特に私達の所属する日本基督教団は日米開戦の直前に誕生し、世の激動に翻弄され、数々の罪や過ちを犯しながらも恵みをいただき、今日に到ったことを知ります。

その間の諸先輩方のご苦労を思いつつ、その歴史の延長の中で、私達は選ばれ、福音に触れ、信仰の恵みに与ることができました。何という恵み、何という摂理でしょうか。いま私達は、人の罪、人の過ちにもかかわらず働かれる主の恩寵を思い、「歴史を導かれる主のみ手」を身近に感じ、ひたすらに主を賛美させていただきます。

そのような中で教団教会の現状を思う時、主から託された宣教命令に十分にお応えできていない現実があり、懺悔をいたします。愛する祖国はいまも「みことばの飢饉」の中にありますが、どうか教会に属する私達教会員の一人一人を「信仰の歓び」に溢れさせ、希望と勇気を与えて、「伝道に燃える」ことができますように、私達を清め、強めてお用いくださいませ。私達はいま一度「原点」、ルターの「聖書のみ、信仰のみ、恵みのみ」に返り、「主と隣人」に仕えることができるようにさせてください。神様、この国の将来を担う若者に、信仰と志を伝承することができますように、お導きください。

神様、どうぞ日本の国家を導き、アジアの先頭に立つ国として、世界と地域の公義と平和のために貢献することができますように。どうぞこの国に正義と公正を水のように流れさせてください。私達の道義を高め、ヤコブ書の示す「行い」を正すために、聖書に学び、また明治のキリスト者にならい、日本の良き伝統を引き継ぐことができますように、御導きくださいませ。

神様、アジア各国のキリスト者とそれぞれの属する教会の上に、平和と和解の主が伴ってくださり、手を携え合うことができますように祈ります。特に隣国のキリスト者とは、事実に基づく歴史を共有し、共に同じ主を仰ぐものとしての交わりと友情を深めることができますように、祈ります。

日本の諸教会の上に、さらに教会に仕える牧師、伝道師の方々の上に、なによりも役員の方々の上に、またそのご家族の上に、天来の豊かな祝福がありますように。また教団運営の大任に当たる方々や、教会を支える神学校の御働きの上に豊かな御守り、御導きが溢れるようにしてください。

「歴史を導かれる主」に、全てをお委ねしつつ、この足らざる祈り、主イエス・キリストのみ名によりお捧げします。　アーメン

注・参考文献

1）日本の人口動態は総務省による「国勢調査」が基礎データとなり、国立社会保障・人口問題研究所が将「将来人口の推計」を行います。それをまとめてグラフ化したのが国土交通省の「日本人口の長期的な推移」です。国土交通省『我が国人口の長期的な推移』国土交通省ホームページ。www.mlit.go.jp/hakusyo/mlit/h25/hakusho/h26/html/n1121000.html（2019.12.29 閲覧）

人口減少社会の日本に起こることを想定した著作が出版されています。

・日本経済新聞社『あなたの街は？「人口減少地図」で知る現状と将来』日経 Web 刊、ビジュアルデータ・トピックス、2014 年。

・河合雅司『未来の年表―人口減少日本でこれから起こること』講談社現代新書、2017 年。

・河合雅司『未来の年表 2―人口減少日本であなたに起こること』講談社現代新書、2018 年。

・NHK スペシャル取材班『縮小ニッポンの衝撃』講談社現代新書、2017 年。

2）若者の貧困問題には多くの文献があります。

・湯浅誠ほか編『若者と貧困―いま、ここからの希望を』明石書店、2009 年。

・藤田孝典『貧困世代―社会の監獄に閉じ込められた若者たち』講談社現代新書、2016 年。子たち、孫たちの世代に課せられた過酷な環境に、心が痛まないでしょうか。

・独立行政法人労働政策研究・研修機構『データブック国際労働比較 2018』労働政策研究・研修機構ホームページ、2018 年版には 28 のグラフと解説、164 の統計・制度表が記載され、労働力人口、就業構造、失業、賃金、教育、福祉などなど、労働環境に関する多彩な分析があります。https://www.jil.go.jp/kokunai/statistics/databook/2018/index.html（2019.12.29 閲覧）。

3）NHK スペシャル『ワーキングプア』取材班編『ワーキングプア―日本を蝕む病』ポプラ社、2007 年。

4）内閣府男女共同参画局『生涯未婚率の推移（男女別）』内閣府男女共同参画局ホームページ、www.gender.go.jp/about_danjo/whitepaper/h25/zentai/html/zuhyo/zuhyo01-00-20.html（2019.12.29 閲覧）。

5）家族や親族の支えがなく資産のない高齢者の現実は、教会を取り巻く深刻な課題です。ここではキーワードを追いました。

・OECD『高齢者の貧困率』OECD/G20 Indicators：OECD ホームページ www.oecd.org/tokyo/home/（検索手順：主要統計・社会欄→不平等→貧困

率、2019.12.29閲覧)。

・鈴木亘『どのような人々が無貯蓄世帯化しているのか』金融広報中央委員会ホームページ（知るぽると)、https://www.shiruporuto.jp/public/data/survey/kohyo/doc009.html（2019.12.29閲覧)。

・NHKスペシャル取材班『老後破産：長寿と言う悪夢』新潮文庫、2018年。

・藤田孝典『下流老人』、『続下流老人』朝日新書、2015年・2016年。

・NHKスペシャル取材班『老人漂流社会』主婦と生活社、2013年。

・NHKスペシャル取材班『無縁社会』文春文庫、2012年。

6) 親の貧困が教育格差となり、貧困の世代間連鎖となることの分析です。

・子どもの貧困白書編集委員会編『子供の貧困白書』明石書店、2009年。

・日本財団子供の貧困対策チーム『徹底調査　子供の貧困が国を滅ぼす―社会的損失40兆円の衝撃』文春文庫、2016年。

・橘木俊詔『日本の教育格差』岩波新書、2010年。

7) 教団の教勢動向を2030年迄推定して警報を鳴らしたものです。

・鈴木功男『最近の教勢分析から読み取れることⅠ：伝道の未開地、155年目のジャパン』日本基督教団公式サイト／伝道推進室報№2、2013年、http://uccj.org/wp-content/uploads/7ca3344174e8d9028c38c2da0b836109.pdf (2019.12.29閲覧)。教団のいわゆる2030年問題を正面から取り上げています。年々減少を続ける受洗者数が少ないことが最大の課題です。

・鈴木功男『最近の教勢分析から読み取れることⅡ：教団2030年問題と年齢構成から何を読み取るか』伝道推進室報№3、2014年、http://uccj.org/wp-content/uploads/68477115407f0174daedcf3814ac909a.pdf（2019.12.29閲覧)。教団教会員の高齢化が統計的に捉えられています。高齢化は青年問題であり、青年を教会に招くことができていないことへの警鐘があります。教団総務部、神田修氏の下に、基本となるデータが集計されています。

8) 工場の生産技術者であった筆者は、日立・中央研究所の協力を得て、10年間、2度目の挑戦で、半導体業界積年の課題であったワイヤ・ボンディング工程の自動化に世界で初めて成功しました。現場はトランジスタ・ガールと呼ばれた女性の顕微鏡下の習熟作業を全自動機に切り替えることができ、また海外発表した自動組立製品の信頼度データの評価単位がパーセントでなくppm（100万分の1）での世界最初の論文となり、米国での反響を得ました。技術提携の下でも、世界のトップに挑戦した日本人技術者の心意気です。

・柏岡誠治・江尻正員・坂本雄三郎「時分割パターン認識技術による群制御トランジスタ組立システム」『電気学会論文誌C』96巻1号、1976年、9–16頁。

・Y. Sakamoto et al., “The Consideration of Reliability in a Fully Automated Assembly System of Small Signal Transistors,” Proceeding 27th E.C.C, 1977, p.146–153.

9) 教団の教勢動向の過去を検証し、カトリック教会や教団および教団外プロテスタント教会の教勢動向を比較したものです。データの基は、次の年鑑です。

・キリスト教年鑑編集委員会『キリスト教年鑑 2017』キリスト新聞社。

・日本基督教団事務局『日本基督教団年鑑（バックナンバー)』日本基督教団出版局。

10) 雨宮栄一、森岡巌『日本基督教団 50 年史の諸問題』新教出版社、1992 年、109–133 頁（「教勢から見た日本基督教団の五十年」と題する、戒能信生牧師による各種データと解析結果で、教勢に関心のある方は必読です)。

11) 文化庁『宗教年鑑（平成 30 年度版)』文化庁ホームページ→宗教年鑑、https://www.bunka.go.jp/index.html（2019.12.29 閲覧)。これには都道府県別の信徒数も記載されています。信徒数・会員数の定義は各宗派に任されており、檀家でもあり氏子でもあると云った重複が多いように思われます。提出元に問い合わせるしかないようです。

キリスト教の人口に対する信徒数の比率は、トップから、東京 6.3％、長崎 4.8％、神奈川 3.3％、沖縄 2.1％、兵庫 1.1％です。ボトムからは山梨・富山・岩手各 0.3％、福島・岩手各 0.3％です。日本全体で 1.5％であり、会員数の定義は不明です。人口別、人口増減率別、地域別、都道府県別などと信徒数比率の相関を調べれば、今後の伝道活動のヒントが得られる可能性があります。それにしても、東京の 6.3％は驚異的な値ではないでしょうか。

12) 教団紛争の貴重な記録です。

・小林貞夫『実録教団紛争史』メタ・ブレーン、2011 年、20–51 頁。

・東神大教授会『東京神学大学紛争記録』東神大出版委員会、1974 年。

紛争の波が東神大にも押し寄せた紛争の実録です。東神大には教授会自治が機能しており機動隊を導入、教授会が文字通り体を張って大学を守りました。

・日本基督教団『教団新報第 4763・64 号』日本基督教団（東神大との関係回復)、2012 年 12 月、2 面 uccj.org/newaccount/8619.html（2022.3.17 閲覧)。

2012 年の第 38 回教団総会決議によりようやく大学と教団の和解が成立、和解の記念礼拝が捧げられました。

13) 教団紛争の議長総括です。小林貞夫氏の記録が信じられない方も、この議長総括を読めば、納得できるのではないでしょうか。

・山北宣久「議長総括、荒野の 40 年」『第 35 回教団総会記録』2006 年。

14) 日本基督教団第37総会期常議員会『伝道の幻を語る―常議員会発言録』第37回期第1回常議員会、2010年。教団・宣教研究所に（37–1B資料）として保管されています。教団紛争を体験した牧師の生の声を小冊子にまとめたものです。やっと紛争を抜け出した常議員の方々の教団再建への初心が語られています。

15) 大胆に「信仰は習慣なり」と言うこともできるのではないでしょうか。

・カール・ヒルティ『仕事をする技術』杉浦孝明訳注、大学書林語学文庫、70–77頁（独和対訳）。

・P・F・ドラッカー『プロフェショナルの条件』上田惇生編訳、ダイヤモンド社、2000年。

16) 石田淳『続ける習慣』日本実業出版社、2010年。

17) ヘルムート・ティーリケ『出会い』鈴木皇訳、待晨堂、1960年、56頁。

18)「受容のキャパシティ（教会員の受容力の総和）」は米沢興譲教会の主宰するトータルカウンセリング・スクール（TCS）の東京道場（ロールプレイの訓練）で教わった言葉です。

19) 田中信生『カウンセラーは小キリスト』新生宣教団出版部、1998年。

20) カウンセリングに関しては多くの文献がありますが、ここでは教会におけるカウンセリング、牧会カウンセリングに関する文献を列挙します。

・有馬式生『牧会カウンセリング入門』新教出版社、1996年。

・三永恭平『牧会カウンセリング読本・こころを聴く』日本基督教団出版局、1990年。

・杉田峰康『ワンダフル・カウンセラー・イエス―福音と交流分析』、一麦出版社、2005年。

・三永恭平・斎藤友紀雄・平山正美・深田未来生監修『現代キリスト教カウンセリング、第1, 2, 3巻』日本基督教団出版局、2002年。

21)「伝道に燃える教会」のベースになるのが宣教の基礎理論と考えます。2013年に提示された『改訂宣教基礎理論（第二次草案）』はまだ採択されていないと聞きます。それまでの間は「教会の宣教姿勢は教会の利己主義」とした旧理論が活きている筈です。信徒の立場に立てば、「伝道に燃える教団」と言われても、根幹が決められないようでは盛り上がりようがありません。論語に次の言葉があります。

「君子は本（もと）を務（つと）む。本立ちて道生ず。」（『論語』学而第一 2）

・教団伝道委員会・宣教研究所『新しい教会づくり・教団宣教基礎理論の解説』日本基督教団出版局、1969年、32頁。

・第38総会期第4回宣教研究所委員会『改訂宣教基礎理論（第二次草案）』

日本基督教団公式サイト「日本基督教団文書・資料集 申請書等ダウンロードコーナ」http://uccj.org/wp-content/uploads/4740b24736b0cdba78ee8d3d9ada7186.pdf（2020.1.12 閲覧）。

22）久世そらち『世に生きる教会』日本基督教団出版局、2002 年、88–90 頁。

23）「政教分離」に関して。

・倉松功『宗教改革と現代の信仰』日本基督教団出版局、2017 年、75–82 頁。

・日本国憲法、政教分離に関しては 20 条と 89 条を参照。

・新田浩司『政教分離と市民宗教についての法学的考察』『地域政策研究』第 14 巻、2・3 合併号、高崎経済大学地域政策学会、21–25 頁。この論文は、「政教分離」を国家権力と宗教の分離ととらえ、国教制度の廃止を目指すもの、政治と宗教の分離ではないとし、「市民宗教」の概念を紹介しています。

・後藤香織「教会の政治的発言は、「政教分離」に反するの？」『ともしび』日本聖公会中部教区センター、2019 年 7 月。このメッセージでは、「政教分離」は国家の宗教的中立性を求めているが、宗教の政治的な中立を要求しているのではないと記しています。教会の政治的発言は教会内部の問題です。

24）日本基督教団事務局『日本基督教団年鑑（バックナンバー）』日本基督教団出版局。

25）教団の歴史に関する参考文献です。

・高崎 毅『日本の教会の行方』新教出版社（新教新書 125）、1966 年。

・石原 謙『日本キリスト教史論』新教出版社、2003 年。

26）日本基督教団史編集委員会『日本基督教団史』日本基督教団出版部、1967 年、273 頁、316–322 頁。

27）日本基督教団総会議長鈴木正久「第二次大戦下における日本基督教団の責任についての告白」日本基督教団公式サイト、http://uccj.org/confession（2020.1.12 閲覧）。

28）教会観に関する文献。教会観は富士山のようなもの、様々な角度から眺めることができます。

・辻 宣道『教会生活の処方箋』日本基督教団出版局、1981 年。

・久世そらち『世に生きる教会』日本基督教団出版局、2002 年。

・近藤勝彦『伝道する教会の形成―なぜ、何を、いかに伝道するか』教文館、2004 年。

・榎本保郎『教会づくり入門』教文館、2013 年。

・楠原博之訳『ハイデルベルク信仰問答：第 21 主日、問 54』、http://uraga-church-07.seesaa.net（2020.1.12 閲覧）。

29）鈴木正久「教団創立 25 周年記念講演・明日の教団」『教団新報』3491 号 2–3

面、1966.11.5 発行。題記の講演で「平行主義（政教分離）」という言葉が初めて用いられ、戦時中に教会が国家に対して目を閉ざした（見張りの使命をないがしろに）ことを間違いと指摘しています。

30) 日本基督教団史編集委員会『日本基督教団史』日本基督教団出版部、1967 年、273 頁、314–322 頁。

31) 楠原博之訳『ハイデルベルク信仰問答：第 12 主日、問 31』、http://uraga-church-07.seesaa.net（2020.1.12 閲覧）。

32) 教団伝道委員会・宣教研究所『新しい教会づくり・教団宣教基礎理論の解説』日本基督教団出版局、1969 年、121 頁。

33) 日本経済新聞社『電力供給綱渡り』日本経済新聞社朝刊、2021.1.13（水）、第２面。

34) 日本基督教団・在日大韓基督教会『2017 年日本基督教団・在日大韓基督教会平和メッセージ』日本基督教団公式サイト「日本基督教団文書・資料集 申請書等ダウンロードコーナ」、目下 2014～2019 年平和メッセージが掲載されています。(2020.1.12 閲覧)

35) カール・バルト起草になるドイツ告白教会の「バルメン宣言」と、教団の「戦争責任告白」を対比して、圧倒的な差を感じないでしょうか。「バルメン宣言」は完全に聖書主義に立脚しており、聖書を先頭に据えて主張を展開しています。教団の声明の多くは「聖書主義」と呼べるでしょうか。

・浅岡 勝『バルメン宣言を読む』いのちのことば社、2011 年。

・倉松 功『宗教改革と現代の信仰』日本キリスト教団出版局、2017 年、74–82 頁。

後者の文献の９章は熟読玩味する必要があると感じています。その一部です。「教会は教会が信じている信仰告白を告白し、その実現を目指す価値合理性の共同体です。そしてその価値は、その共同体への加入（洗礼）に際して告白した信仰告白に他なりません。それゆえ、その信仰告白以外の問題、例えば、より多い正義、より望ましい平和やそれらの実現の仕方を教会員に強制してはなりません」とあります。

36)「時の徴」同人編『日本基督教団戦争責任告白から 50 年―その神学的・教会的考察と資料』新教コイノーニア 33、新教出版社、2017 年。「戦責告白」の成立の経緯（40–78 頁）や、関東教区教団の「日本基督教団罪責告白」(161–163 頁)、他教派や諸団体の戦争責任告白も収録されています（127–163 頁)。

37) 山本七平『戦争責任と靖国問題』さくら社、2014 年。

「戦責告白」を論じる前に熟読玩味すべき文献と考えています。あの戦争の総括が十分になされていると思えないこの国にあって、一つの視点、視座を与えます。氏の結論は「日本人は二度敗れた。一度は戦闘に敗れ、二度目は占領政策に」というもので、その理由は「事実を直視する勇気がないこと」としています。(233–247 頁)

東京裁判については、第三国ではなく勝者が敗者を裁く裁判に正統性はないし、戦争裁判が成立とする以上、戦争そのものは合法となる。さらに A 級戦犯の罪名とされた「平和に対する罪」、「人道に対する罪」は後付けの法で以前の罪を裁くことになり、法の大原則「不遡及」に反するものとしています。(126–136 頁)

ちなみに東京裁判における戦犯の定義をつぎに示します。それ等のうち A 級戦犯に対する罪は、この裁判のために新たに設けられたものです。それ以前は侵略戦争も含む国家の戦争を裁く法はなく、いわんや個人を裁く法も存在しないとしています。

A 級戦犯：平和に対する罪（侵略戦争の計画、開始、実行）

B 級戦犯：捕虜を虐待した罪

C 級戦犯：一般住民に対する殺害や虐待した罪

占領軍は完璧な検閲制により、間違った戦争、一億総懺悔・総回心、軍部などの戦争犯罪などを日本人に刷り込み、いつの間にか連合軍は、東京大空襲や原爆投下など戦争犯罪を追及されることなく、解放者、救世主とされるようになったとしています。(176、199、42–45、53–63 頁)

東条英機以下の戦犯とされた人達は、国際法的には無罪でも、国内法的に裁かれるべきで、敗戦罪（死刑も）や国民や兵士の生命を軽んじた罪に問われるべきとしています。(25–35 頁)

38) 田中正明『パール判事の東京裁判日本無罪論』小学館文庫、2006 年、18–52 頁。

インドのパール判事は、ネール首相の指名でカルカッタ大学総長の職を辞して着任、日本に好意を持ったからでなく、国際法のプロの立場から、いわゆる戦犯全員の無罪を唱えました。その後国連の国際法委員会の委員長として活躍、たびたび来日して全国を遊説、日本国民が東京裁判史観にまどわされて自虐・卑屈にならぬように説かれたとか。

39) 加瀬英明／序、藤井厳喜、稲村公望、茂木弘道 著『日米戦争を起こしたのは誰か―ルーズベルトの罪状・フーバー大統領回顧録を論ず』、勉誠出版、2016 年、6–9 頁。

極めて重要なフーバー大統領回顧録の紹介で、内容が要約されています。太平洋戦争の引き金となったいわゆるハルノートは実質的な宣戦布告でした。しかし最初の一発は日本に撃たせるように仕向けます。ルーズベルト（第32代大統領）が日米開戦を仕掛けた張本人と、フーバー大統領（第31代大統領）が語っています。さらにマッカーサーもその見解に同意したと記されています(このような歴史認識は、最近米国内で多く語られるようになっています)。

上記フーバー大統領回顧録の日本語翻訳版です。ハーバート・フーバー著、ジョージ・H. ナッシュ編『裏切られた自由―フーバー大統領が語る第二次世界大戦の隠された歴史とその後遺症　上』渡辺惣樹訳、草思社、2017年、74–77、87、471–531頁（原著、George H. Nash, “Freedom Betrayed: Herbert Hoover’s Secret History of the Second World War and Its Aftermath,” Hoover Institution Press, Stanford University, 2011)。

40) ヘレン・ミアーズ『アメリカの鏡・日本　完全版』伊藤延司訳、角川ソフィア文庫、2017年、35–38頁、95頁。

アメリカの日本研究者で、世界的な視野から鋭く、公平に、客観的に日本の歴史を評価しようとした刮目すべき書です。当初はマッカーサーから日本での翻訳・出版を禁じられました。その中で、アジアにおける日本の果たした役割について、中国の革命指導者「孫文」がその著述『三民主義』の中で述べたくだりを紹介しています。さすが孫文の慧眼は、見るべきところは見ています。

41) 関野通夫『日本人を狂わせた洗脳工作―いまなお続く占領軍の心理作戦』自由社、2017年、22–25頁。

これは極めて重要な文献で、多分ネットで購入できます。著者は苦心惨憺の末、GHQのWGIP（War Guilt Information Program／日本人に戦争犯罪者意識を刷り込む計画）のドキュメントを探り当てます。戦勝国の狙いは、日本人が二度と白人国家に戦争を仕掛けないよう、日本の伝統と精神文化を骨抜きにすることにあり、日本を戦犯国と規定して日本人の頭に、子々孫々まで刷り込むことを目指しました。「一億総懺悔」により、いわゆる真面目な日本人がその一翼を担っていると見られます。

42) ケント・ギルバート『やっと自虐史観のアホらしさに気づいた日本人』PHP研究所、2016年。

43) マハティール・モハマド『立ち上がれ日本人』加藤暁子訳、新潮新書、2003年。

44) ヘレン・ミアーズ『アメリカの鏡・日本　完全版』、418–421頁。

45) 京都帝国大学に学んだこともある元台湾総統・李登輝博士の著述で、大学生になった孫にもプレゼントしました。素晴らしい本です。

・李登輝『李登輝より日本に贈る言葉』ウェッジ、2014年。

・李登輝『「武士道」解題―ノーブレス・オブリージュとは』小学館、2003

年は、最近映画化されました。

・園田映人（監督・脚本・編集・制作）『哲人王』Reiciel Studio、2019 年。

46）新渡戸稲造『武士道』奈良本辰也訳、三笠書房、1989 年。

トレバー・レゲット『紳士道と武士道―日英比較文化論』サイマル出版会、1983 年も参照。

47）山本七平『論語の読み方』祥伝社黄金文庫、2014 年。クリスチャンが「論語」に入るエントリーとして最適と考えられます。

48）山本七平『日本人を動かす原理・勤勉の哲学』PHP 研究所、1979 年。日本人の労働観の核心をついています。

49）山本七平『日本人とは何か―神話の世界から近代まで、その行動原理を探る 上・下』PHP 研究所、1989 年。

50）山本七平『空気の研究』文春文庫、1983 年。その場の空気に流される日本人の特性を論じています。

51）イザヤ・ベンダサン『日本人とユダヤ人』角川文庫ソフィア、1971 年。

感謝のことば

本著作に着手して以来八年有余、その間二度の転居、次男の病死、自身の２回の入院などもありました。その都度、「明日の教会への思い」を主が支え続けて下さいました。必要な熟成期間を与えられたと、「歴史を導く主の恵み」を味わい直しています。

思い返せば、高校生のときに受洗へと導かれたバプテスト連盟・大阪新生教会、卒業・就職とともに飛び込んだ東京・国分寺教会、仕事で１年間滞在した米国の第一バプテスト教会（First Baptist Church, Somerville, N.J.）、転勤先の高崎教会、転属先の米沢興譲教会、さらに転職先・館山での「にじのいえ集会（現南房教会）」、さらに現在所属する用賀教会などと、行く先々で教会生活が与えられ、多くの牧師や信徒の方々との温かいご指導やお交わりをいただいて来ました。それらの経験が本書の基盤です。心から感謝申し上げます。

本書の直接的なベースとなったのは、にじのいえ集会から南房教会に到る開拓教会での体験です。集会の時代から祈りと労を分かち合った南房教会信徒の皆様方や歴代牧師の方々の、それぞれのお交わりとご指導に深謝します。また伝道所を支えてくださった千葉教会、国分寺教会、高崎教会など関係教会の方々、さらには教団全国教会婦人会連合の方々などに心から感謝を致します。

本書をまとめるに当たっては、多くの教会関係者にアドバイスをいただきました。

九州ルーテル学院前院長・学長清重尚弘先生には聖地旅行に同行させて頂いて以来、親身のお励ましを頂いております。国分寺教会時代からお交わりを頂いている同志社大学・深田未来生名誉教授には、幅広い視点からのご示唆を頂きました。東京神学大学・小泉 健教授のもとには何度も足を運び、神学的見地から多方面のご指導を頂きました。皆様に衷心よりお礼を申し上げます。

教団関係では、総会議長・石橋正雄牧師には温かいお励ましを頂きました。国分寺教会以来のお交わりを頂いている同総会副議長・久世そらち牧師には、厳しい評価とともに資料などもお送り頂きました。また教団・総務幹事室の道家紀一牧師、総務部の神田修氏には、教団の歴史と現況につきデータやご教示を頂きました。有難く御礼を申し上げます。

著者自身の力の無さから、せっかくのご指導を十分受け止め切れずにいることを、まことに心苦しく申し訳なく存じています。それでも教会のお役に立つ点が少しでもあればと祈るばかりです。

何はともあれ、一信徒の教会経験をこのような形で出版できることにも感謝しています。本書の出版にかんしては、リトン社の大石昌孝氏に大変お世話になりました。未熟な原稿に忍耐強く付き合って頂いたお陰で、ここまでたどり着きました。心から感謝申し上げます。

おわりに、本書をすでに故人となられました、松平豊牧師（日本バプテスト同盟大阪新生教会）、深田種嗣牧師（日本基督教団国分寺教会）、高倉田鶴子初代牧師（日本基督教団南房教会）、原田多恵子牧師（日本基督教団南房教会）に捧げます。IT関連を始めとして、応援と励ましを与えてくれた子達、孫達、支え続けてくれた妻・宏子など、家族にも感謝を表します。

2021年4月20日

坂本　雄三郎

著者紹介

坂本　雄三郎（さかもと　ゆうざぶろう）

1936年：聖バルナバ病院（大阪市天王寺）にて生まれる
1954年：大阪新生教会（バプテスト同盟）にて受洗
1955年：大阪府立天王寺高校を卒業、大阪大学に進学
1959年：大阪大学工学部精密工学科を卒業、日立製作所に入社半導体の生産技術を担当、製造部長・生産技術部長などを歴任）
1989〜93年：日立米沢電子取締役工場長（この間、大阪大学工学博士、経営工学技術士）
1993〜99年：日鉄セミコンダクター常務取締役、富津セミコンダクター副社長
1999〜2010年：工場管理・改善のコンサルタント（坂本技術士事務所所長、ダイモス・コンサルティングのプリンシパル・コンサルタント）、この間1級技能士（機械保全）

著　書
『日立にみる半導体工場の現場経営』日刊工業新聞社、1990年
『半導体製造装置の信頼度向上：信頼度の基本と向上への具体的な取り組み』（共著）、EDリサーチ社、2002年

教会役員歴
①国分寺教会（教団）：1962〜66、1968〜71年
②高崎教会（教団）：1972〜76、1978〜80、1982〜86年
③（にじのいえ集会運営委員：1995〜96年）
④南房伝道所〜南房教会（教団）：1997〜2010年
⑤用賀教会（教団）：2016〜18年

実践 教会役員
マネジメントとリーダーシップ

発行日　2021年5月25日

著　者　坂本　雄三郎

発行者　大石　昌孝

発行所　有限会社リトン
101-0061　東京都千代田区神田三崎町2-9-5-402
☎ 03-3238-7678　FAX 03-3238-7638

印刷所　株式会社ＴＯＰ印刷

ISBN978-4-86376-089-9